T0209684

essentials

essentials liefern aktuelles Wissen in konzentrierter Form. Die Essenz dessen, worauf es als „State-of-the-Art" in der gegenwärtigen Fachdiskussion oder in der Praxis ankommt. *essentials* informieren schnell, unkompliziert und verständlich

- als Einführung in ein aktuelles Thema aus Ihrem Fachgebiet
- als Einstieg in ein für Sie noch unbekanntes Themenfeld
- als Einblick, um zum Thema mitreden zu können

Die Bücher in elektronischer und gedruckter Form bringen das Fachwissen von Springerautor*innen kompakt zur Darstellung. Sie sind besonders für die Nutzung als eBook auf Tablet-PCs, eBook-Readern und Smartphones geeignet. *essentials* sind Wissensbausteine aus den Wirtschafts-, Sozial- und Geisteswissenschaften, aus Technik und Naturwissenschaften sowie aus Medizin, Psychologie und Gesundheitsberufen. Von renommierten Autor*innen aller Springer-Verlagsmarken.

Weitere Bände in der Reihe http://www.springer.com/series/13088

Andreas Hoff

Gestaltung betrieblicher Arbeitszeitsysteme

Ein Überblick für die Praxis

2. Auflage

Andreas Hoff
Dr. Hoff Arbeitszeitsysteme
Potsdam, Deutschland

ISSN 2197-6708 ISSN 2197-6716 (electronic)
essentials
ISBN 978-3-658-33750-6 ISBN 978-3-658-33751-3 (eBook)
https://doi.org/10.1007/978-3-658-33751-3

Die Deutsche Nationalbibliothek verzeichnet diese Publikation in der Deutschen Nationalbibliografie; detaillierte bibliografische Daten sind im Internet über http://dnb.d-nb.de abrufbar.

Planung/Lektorat: Stefanie Winter
Springer Gabler ist ein Imprint der eingetragenen Gesellschaft Springer Fachmedien Wiesbaden GmbH und ist ein Teil von Springer Nature.
Die Anschrift der Gesellschaft ist: Abraham-Lincoln-Str. 46, 65189 Wiesbaden, Germany

Was Sie in diesem *essential* finden können

- Was mithilfe flexibler betrieblicher Arbeitszeitsysteme erreicht werden kann.
- Alle Grundtypen flexibler betrieblicher Arbeitszeitsysteme mit ihren wesentlichen Elementen und relativen Vor- und Nachteilen.
- Kriterien für die Entscheidung zwischen von den Mitarbeitern selbst gesteuerten auf der einen und disponierten Arbeitszeitsystemen auf der anderen Seite.
- Wie man einfache flexible Schichtsysteme entwickelt.
- Hinweise darauf, worauf es bei der betrieblichen Arbeitszeitgestaltung in Zukunft ganz besonders ankommen wird.

Vorwort

Ohne flexible Arbeitszeitsysteme kommt heute kaum noch ein Betrieb aus – weil die Anforderungen von Kunden und Mitarbeitern[1] in der Regel anders nicht, oder jedenfalls nicht wirtschaftlich, erfüllt werden können. Neben gutem diesbezüglichem Regelungshandwerk findet sich hier allerdings auch viel Pfusch.

Seit gut 40 Jahren beschäftige ich mich in Theorie und Beratungs-Praxis mit der Gestaltung flexibler betrieblicher Arbeitszeitsysteme. Zu Beginn meiner Tätigkeit in diesem Feld um 1980 war die Gleitende Arbeitszeit (Gleitzeit) das einzige gängige flexible Arbeitszeitsystem und waren angesichts ansonsten starrer Arbeitszeiten bezahlte Mehrarbeit und auch Kurzarbeit sehr wichtige Optionen. Heute gibt es dagegen sowohl bei den von den Mitarbeitern selbst gesteuerten als auch bei den disponierten betrieblichen Arbeitszeitsystemen ein breites Spektrum von Regelungen, mit denen ich Sie in diesem Buch vertraut machen möchte – verbunden mit einem spürbaren Bedeutungsverlust von Mehrarbeit und Kurzarbeit, weil vieles, was diese Instrumente in der Vergangenheit leisten mussten, heute durch eine bedarfsgerechte Verteilung der Vertragsarbeitszeiten selbst geleistet werden kann.

Angesichts des knappen Umfangs dieses essentials

- konzentriere ich mich auf Deutschland – und setze die Kenntnis der hiesigen rechtlichen Rahmenbedingungen (insbesondere des Arbeitszeitgesetzes) weitgehend voraus;
- behandle ich nur Vollzeit-basierte Arbeitszeitsysteme, wobei ich bei allen Beispielen von 40 h/w Vertragsarbeitszeit ausgehe. Allerdings werden stets

---

[1]Ausschließlich zugunsten leichterer Lesbarkeit verwende ich hier stets nur die männliche Form.

Hinweise darauf gegeben, wie Teilzeitbeschäftigte hierin integriert werden können;

- blende ich die für die betriebliche Arbeitszeitgestaltung oft sehr bedeutenden Themen Arbeitsbereitschaft, Bereitschaftsdienst, Rufbereitschaft und Reisezeit vollständig aus;
- verwende ich die folgenden Abkürzungen:
  - MO-SO Wochentage Montag bis Sonntag
  - JAN-DEZ Monate (immer die ersten drei Buchstaben)
  - w/h/min Woche/Stunde/Minute
  - 20:00 (z. B.) Uhrzeit-Format
  - F/S/N Frühschicht/Spätschicht/Nachtschicht
  - 1–12 auch diese Zahlen werden hier nicht ausgeschrieben

Inhaltsverzeichnis

Einleitung: Was sind flexible betriebliche Arbeitszeitsysteme, und welche Ziele können mit ihnen erreicht werden?

Betriebliche Arbeitszeitsysteme sind Regelungsbündel, in deren Rahmen und mit deren Hilfe der betriebliche Einsatz der Arbeitszeiten der Mitarbeiter gesteuert wird. Im Mittelpunkt steht dabei die Verteilung der vertraglich festgelegten Arbeitszeiten, die heute in aller Regel nicht mehr im Arbeitsvertrag selbst, sondern betrieblich geregelt wird – bei Vorhandensein eines Betriebsrats über eine oder mehrere Betriebsvereinbarung/en, bei deren Aushandlung der Betriebsrat eines seiner stärksten Mitbestimmungsrechte zum Einsatz bringen kann. Kann diese Verteilung im Zeitablauf verändert werden, um damit z. B. auf veränderte Kundenanforderungen oder den Ausfall von Mitarbeitern zu reagieren, spricht man von einem flexiblen Arbeitszeitsystem. Und nur hiermit beschäftige ich mich in diesem Buch.

Die Verteilung der Arbeitszeiten wird entweder durch die einzelnen Mitarbeiter selbst vorgenommen oder durch Disponierende: Führungskräfte, speziell hierfür zuständige Mitarbeiter oder auch Gruppen von Mitarbeitern, die ihre Arbeitszeiten gemeinsam disponieren. Die Entscheidung darüber, wie die Arbeitszeiten gesteuert werden, ist zum einen eine Frage des Vertrauens, zum anderen und vor allem aber eine der Zweckmäßigkeit:

- Handelt es sich bei den von den Mitarbeitern zu erledigenden Aufgaben wesentlich um „Speicherarbeit", die also nicht zu einem bestimmten Zeitpunkt erledigt werden muss, macht Arbeitszeit-Disposition wenig Sinn – und noch weniger, wenn, wie dies häufig der Fall ist, zusätzlich auf sehr kurzfristige Änderungen von Anforderungen reagiert werden muss. Hier verlässt man sich heute meist auf die Eigenverantwortung der Mitarbeiter, eventuell gefördert durch Anreizsysteme und/oder andere Motivationsstrategien. Für die Mitarbeiter hat die Selbststeuerung ihrer Arbeitszeiten den Vorteil, dass sie dabei

A. Hoff, *Gestaltung betrieblicher Arbeitszeitsysteme*, essentials,
https://doi.org/10.1007/978-3-658-33751-3_1

auch ihre persönlichen Belange (Biorhythmus, private zeitliche Interessen und Verpflichtungen) vergleichsweise gut einbringen können.

- Handelt es sich dagegen wesentlich um „Sofortarbeit", die also zu einem bestimmten Zeitpunkt erledigt werden muss, liegt eine entsprechende Disposition der Arbeitszeit der Mitarbeiter nahe: weil hier aus den Arbeitsaufgaben heraus keine Freiheitsgrade bestehen, die man den einzelnen Mitarbeitern zur Verfügung stellen könnte. Dies bedeutet aber keineswegs, dass im Dispositionsprozess Arbeitszeit- und Freizeitinteressen der Mitarbeiter nicht genügt werden könnte, sodass auch hier mitarbeitergerechte Lösungen möglich sind.

Mit flexiblen betrieblichen Arbeitszeitsystemen können sehr unterschiedliche Ziele auf den drei Achsen Kundenorientierung, Wirtschaftlichkeit des Arbeitszeit-Einsatzes und Mitarbeiterorientierung verfolgt werden. Idealerweise tragen sie dazu bei, dass

- die externen und internen Kunden die von ihnen gewünschten Leistungen zur gewünschten Zeit am gewünschten Ort in der gewünschten Qualität erhalten,
- der Einsatz der Arbeitszeit bedarfsgerecht erfolgt, es also weder Arbeitszeit-Verschwendung noch Unterbesetzungen zulasten der Kunden, der Wirtschaftlichkeit (wenn zum Beispiel Maschinen abgestellt werden müssen) und/oder der Mitarbeiter (mehr Stress für die Anwesenden, Gefährdung der Arbeitssicherheit) gibt, und
- die Arbeitszeit- und Freizeitwünsche und -restriktionen der Mitarbeiter berücksichtigt werden.

Dabei steht jedenfalls in der Privatwirtschaft die wirtschaftliche Erfüllung der Kundenbedarfe als Voraussetzung der betrieblichen Existenz notwendig im Vordergrund – oder sollte dies jedenfalls tun. Flexible Arbeitszeitsysteme, die die Erreichung dieses Ziels ermöglichen, schaffen damit zugleich aber auch die Voraussetzungen zur Berücksichtigung der Mitarbeiterbelange, auch wenn diese, sofern sie mit betrieblichen Belangen konfligieren, grundsätzlich (also keineswegs immer!) zurückstehen müssen. Ein einfaches Beispiel hierfür sind, soweit sie zum Einsatz kommen, Arbeitszeitkonten, auf die Arbeitgeber wie Mitarbeiter zugreifen können. Dies zeigt zugleich, wie wichtig die genaue Festlegung der jeweiligen „Flexi-Spielregeln" ist.

Die vielleicht wichtigste Voraussetzung für das gute Funktionieren eines flexiblen Arbeitszeitsystems ist dessen ausreichende personelle Ausstattung: Arbeitszeitflexibilität kann zwar die Produktivität des Arbeitszeit-Einsatzes steigern, fehlende Arbeitszeit-Kapazität darüber hinaus aber nicht ersetzen. Während der Personalbedarf in disponierten flexiblen Arbeitszeitsystemen wegen der diesen zugrunde liegenden klaren Besetzungsbedarfe sehr genau bestimmt werden kann (siehe hierzu insbesondere Abschn. 3.1), ist dies bei eigenverantwortlicher Arbeitszeit-Steuerung kaum möglich. Hier muss die Ausbalancierung von Arbeitszeitbedarf und -angebot meist über die Bedarfsseite erfolgen, weil das Angebot in der Regel (z. B. budgetär oder via Benchmark) vorgegeben ist.

In den folgenden beiden Kapiteln stelle ich die 8 Grundtypen flexibler betrieblicher Arbeitszeitsysteme vor und erläutere sie anhand von Beispielen. Kap. 2 widmet sich zunächst den 5 Grundtypen eigenverantwortlich gesteuerter flexibler Arbeitszeitsysteme; in der Reihenfolge zunehmender Freiheitsgrade für die Mitarbeiter sind dies die mit der starren Arbeitszeit noch eng verwandte Flexible Standardarbeitszeit, die klassische Gleitzeit (mit Kernzeit), der Flexible Tagdienst (ohne Kernzeit), die Vertrauensarbeitszeit und die Arbeitszeitfreiheit (in der Arbeitszeit kaum noch eine Rolle spielt). In Kap. 3 behandele ich die 3 Grundtypen disponierter flexibler Arbeitszeitsysteme; in der Reihenfolge abnehmender langfristiger Planbarkeit sind dies Schichtsystem, Monatsdienstplan und Einsatzplanung. Diese Grundtypen werden jedoch in der betrieblichen Praxis zunehmend miteinander kombiniert, weshalb es hierzu einen eigenen Abschn. 3.4 gibt. In Kap. 4 geht es um die aus meiner Sicht wichtigsten Grundtyp-übergreifenden Regelungselemente Zeiterfassung, Arbeitszeitkonto, Urlaubsstundenkonto und Wertguthaben. Im abschließenden Kap. 5 gebe ich dann noch einen Ausblick auf die Zukunftstrends der betrieblichen Arbeitszeitgestaltung.

Eigenverantwortlich gesteuerte flexible Arbeitszeitsysteme

2

Abb. 2.1 gibt einen systematischen und zugleich historischen Überblick über die 5 Grundtypen von den Mitarbeitern selbst gesteuerter Arbeitszeitsysteme mit treppauf immer höheren Freiheitsgraden für die Mitarbeiter, die anschließend in groben Zügen und in den folgenden Unterkapiteln im Einzelnen vorgestellt werden.

- „Flexible Standardarbeitszeit" ist ein formalisiert selten praktiziertes Arbeitszeitsystem, in dem, ausgehend von einer starren Grundverteilung der Vertragsarbeitszeit, kunden- oder mitarbeiterseitig erforderliche Abweichungen hiervon möglich sind, ohne dass diesbezüglich Arbeitszeitkonten geführt werden. Informell gibt es solche Verfahren jedoch im Rahmen formal starrer Arbeitszeitregelungen sehr häufig – besonders auch in der mittelständischen Wirtschaft.
- „Gleitzeit" bzw. „gleitende Arbeitszeit" wurde erstmals um 1970 eingeführt und ist auch heute noch relativ weit verbreitet. Sie ermöglicht es den Mitarbeitern, Arbeitsanfang und -ende innerhalb bestimmter, durch Arbeitszeitrahmen und Kernzeit begrenzter Zeitspannen grundsätzlich frei zu wählen. Weitere wesentliche Kennzeichen sind die – heute meist elektronische – Zeiterfassung und die auf dieser Grundlage geführten Arbeitszeitkonten.
- „Flexibler Tagdienst" (auch „variable" oder „flexible Arbeitszeit" genannt) dürfte heute in Deutschland der wichtigste Grundtypus von den Mitarbeitern selbst gesteuerter Arbeitszeitsysteme sein; er hat sich seit den 1980er Jahren immer weiter ausgebreitet. Gegenüber der Gleitzeit ist er durch den Wegfall der Kernzeit gekennzeichnet, die hier bei Bedarf durch so genannte „Servicezeiten" ersetzt wird, innerhalb derer Mitarbeitergruppen zur Erbringung der sofort fälligen Leistungen verpflichtet sind. Und auch die sonstigen Rahmenbedingungen für die Arbeitszeitleistung sind gegenüber der Gleitzeit meist deutlich flexibilisiert.

© Springer Fachmedien Wiesbaden GmbH, ein Teil von Springer Nature 2021
A. Hoff, *Gestaltung betrieblicher Arbeitszeitsysteme*, essentials,
https://doi.org/10.1007/978-3-658-33751-3_2

	Lage und Verteilung der Arbeitszeit	Dauer der Arbeitszeit
Arbeitszeitfreiheit	flexibel	flexibel
Vertrauensarbeitszeit (seit ca. 1995)	flexibel	fix/flexibel
Flexibler Tagdienst (seit ca. 1985)	flexibel	fix
Gleitzeit (seit ca. 1970)	fix/flexibel	fix
Flexible Standardarbeitszeit	fix	fix

Abb. 2.1 Die fünf Grundtypen von den Mitarbeitern gesteuerter Arbeitszeitsysteme

- Der einzige wesentliche Unterschied von „Vertrauensarbeitszeit" zum Flexiblen Tagdienst ist, dass hier auf die Führung von Arbeitszeitkonten verzichtet wird, sodass es auch keine diesbezügliche Zeiterfassung gibt. Die Reduzierung des hiermit verbundenen Aufwands und die Vermeidung von Fehlanreizen zum Aufbau von Arbeitszeitguthaben waren in den 1990er Jahren die wesentlichen Anlässe dafür, sich intensiver mit diesem Arbeitszeitsystem zu beschäftigen. Hierin bleibt es aber beim Leistungsmaßstab Arbeitszeit, auch wenn dieser durch den Verzicht des Arbeitgebers auf dessen Kontrolle an Verbindlichkeit verliert. In der betrieblichen Praxis findet sich Vertrauensarbeitszeit, die im Übrigen häufig mit Arbeitszeitfreiheit (siehe nachfolgend) verwechselt wird, derzeit überwiegend bei AT-Angestellten o.ä., für die angesichts meist pauschaler Mehrarbeitsabgeltung Arbeitszeitkonten nicht sinnvoll geführt werden können, und bei Mitarbeitern, bei denen Zeitkontrolle kaum möglich ist – etwa im Außendienst.
- „Arbeitszeitfreiheit" schließlich ist eigentlich kein Arbeitszeitsystem mehr, weil es hierin nicht mehr um Arbeitszeit geht, sondern um die Erbringung vereinbarter Leistungen bzw. Ergebnisse – weswegen dieses System in der Regel mit Zielvereinbarungen und leistungsbezogener Vergütung kombiniert wird. Gleichwohl wird Arbeit natürlich auch hier in der Zeit erbracht, sodass äußerlich große Ähnlichkeit mit Vertrauensarbeitszeit besteht.

Für welches dieser Arbeitszeitsysteme man sich betrieblich entscheidet, hängt vor allem davon ab, welches Maß an Vertrauen den Mitarbeitern entgegengebracht wird. Zur Absicherung sollte dabei stets vorgesehen werden, dass Mitarbeiter, die von den ihnen eingeräumten Gestaltungsmöglichkeiten nicht entsprechend den betrieblichen Zielen Gebrauch machen, hiervon im Rahmen eines fairen Verfahrens für einen begrenzten Zeitraum ausgeschlossen werden können.

2.1 Flexible Standardarbeitszeit

Diesem Arbeitszeitsystem liegt eine grundsätzlich einheitliche Standardarbeitszeit zugrunde, die jedoch zum einen innerhalb bestimmter Grenzen (wesentlich auch zur Erfüllung betrieblicher Bedarfe) angepasst und zum anderen im Einzelfall (!) in Abstimmung mit der Führungskraft aus betrieblichen oder persönlichen Gründen flexibel gehandhabt werden kann – zur Vermeidung von Arbeitszeitkonten bei stets gleichzeitig vereinbartem Freizeit- bzw. Arbeitszeitausgleich; Letzteres entspricht im Übrigen vielfach der praktischen Handhabung auf dem Papier starrer Arbeitszeiten. Kommt es häufig zu Abweichungen, muss über eine andere Standardarbeitszeit nachgedacht werden.

> **Beispiel**
>
> Die 40 h/w Regelarbeitszeit werden grundsätzlich wie folgt verteilt: MO-FR 08:00–17:00 (8 h Arbeitszeit, 15 + 45 min Pausenzeit).◄

Möglich wären auch Verteilungen mit ungleich langen Arbeitszeitdauern pro Tag, die jedoch ein Urlaubsstundenkonto (siehe Abschn. 4.3) erfordern; zur Gewährleistung einer gewissen Arbeitszeitreserve zur gesetzlichen Tages-Höchstarbeitszeit von 10 h sollte dabei jedoch die Dauer der Tages-Standardarbeitszeit 8,5 h nicht überschreiten. Für Teilzeitbeschäftigte sind auch Standardarbeitszeiten mit verringerter Pausenzeit möglich.

Kann ein Mitarbeiter aus persönlichen Gründen z. B. erst um 08:30 beginnen, wird seine Standardarbeitszeit bei betrieblicher Möglichkeit z. B. auf MO-FR 08:30–17:30 angepasst – oder er wechselt auf 37,5 h/w Vertragsarbeitszeit (vollzeitnahe Teilzeitarbeit) mit einer Standardarbeitszeit von 08:30–17:00 (7,5 h Arbeitszeit, 15 + 45 min Pausenzeit). – Für solche Anpassungen kann zur Vermeidung nicht dem betrieblichen Bedarf entsprechender Standardarbeitszeiten und zur Verminderung des Abstimmungsbedarfs ein betrieblicher Rahmen vorgegeben werden, der z. B. Standardarbeitsbeginne vor 08:00 nur aus betrieblichen Gründen zulässt und ein spätestes Standardarbeitsende um 19:00 vorschreibt.

Wird in einem Bereich für die internen und/oder externen Kunden MO-FR eine Servicezeit (zur sofortigen Erledigung von Anfragen) von 07:00–19:00 benötigt, so wird zu deren Abdeckung die Standardarbeitszeit eines Vollzeitbeschäftigten um 1 h vorverlagert und diejenige eines anderen um 2 h in den Tag hinein verschoben. Je nach Interessenlage der Mitarbeiter dieses Bereichs können dies immer dieselben Mitarbeiter sein, die allerdings bei Abwesenheit aus dem Team heraus vertreten werden müssen, oder es erfolgt eine diesbezügliche wochen- oder tageweise Absprache unter den Mitarbeitern.

Möchte ein Mitarbeiter mit normaler Standardarbeitszeit an einem bestimmten Arbeitstag z. B. eine Präsentation fertigstellen und dazu 1,5 h über das planmäßige Arbeitsende hinaus arbeiten, muss er dies zunächst mit seiner Führungskraft abstimmen. Diese vereinbart dann ggf. gleichzeitig mit ihm, dass er z. B. am darauffolgenden Freitag bereits um 15:30 nach Hause geht. Möchte ein Mitarbeiter an einem Nachmittag z. B. einen Kindergeburtstag mitfeiern und dazu bereits um 13:45 gehen, stimmt er dies ebenfalls mit seiner Führungskraft ab. Er verzichtet an diesem Tag auf die Mittagspause, sodass er 2,5 h Arbeitszeit nachleisten muss. Dazu vereinbart er mit seiner Führungskraft z. B., dass er in der darauffolgenden Woche täglich bis 17:30 arbeitet. Erkrankt der betreffende Mitarbeiter zwischenzeitlich, gilt entsprechend dem Entgeltfortzahlungsgesetz, „wie gearbeitet worden wäre" (Ausfallprinzip): Ein Freizeitausgleich gilt also als gewährt, ein Arbeitszeitausgleich als geleistet.

Vorteile

- einfach und unaufwendig
- geringer Abstimmungsbedarf
- Servicezeiten können bei Bedarf eingeführt werden
- individuelle Anpassungen sind in bestimmten Grenzen möglich
- Flexibilität ist aus betrieblichen wie persönlichen Gründen im Einzelfall gegeben

Nachteile

- nur geeignet bei relativ stetiger Auslastung
- wenig Gestaltungsmöglichkeiten für die Mitarbeiter

2.2   Gleitzeit

Bei der Gleitzeit haben die Mitarbeiter die Möglichkeit, ihre Vertragsarbeitszeit innerhalb bestimmter „Gleitspannen" grundsätzlich – wenn also im Einzelfall keine betrieblichen Gründe dagegensprechen – frei zu gestalten. Dabei kann an den einzelnen Arbeitstagen auch die Arbeitszeitdauer variiert werden, um z. B. auf wechselnden Arbeitsanfall reagieren und/oder persönliche Freizeitwünsche realisieren zu können. Gleitzeit erfordert irgendeine Form der Zeiterfassung (siehe im Einzelnen Abschn. 4.1) und die Führung eines Arbeitszeitkontos (siehe Abschn. 4.2).

Beispiel

Die Mitarbeiter können ihre Arbeitszeit innerhalb eines Arbeitszeitrahmens MO- FR 07:00–18:00 unter Beachtung der Kernzeit (Anwesenheitspflicht) von 09:00–15:00 grundsätzlich frei gestalten – also innerhalb von Gleitspannen 07:00–09:00 und 15:00–18:00. Zwischen 11:00 und 14:00 ist eine Mittagspause von 45 min Dauer zu nehmen; weitere Pausen sind optional möglich. Mit Teilzeitbeschäftigten werden bei Bedarf hiervon abweichende Vereinbarungen getroffen.◄

Die Tages-Vertragsarbeitszeit (bei Gleitzeit oft „Sollarbeitszeit" genannt) beträgt bei 40 h/w Vertragsarbeitszeit in der Regel MO-FR 8 h. Möglich sind aber auch unterschiedlich lange Tages-Vertragsarbeitszeiten, die jedoch ein Urlaubsstundenkonto (siehe Abschn. 4.3) erfordern und zur Gewährleistung einer gewissen Arbeitszeitreserve zur gesetzlichen Tages-Höchstarbeitszeit von 10 h auf 8,5 h begrenzt sein sollten.

Abweichungen der tatsächlich geleisteten Arbeitszeit von der jeweiligen Tages-Vertragsarbeitszeit werden auf einem Arbeitszeitkonto (hier häufig „Gleitzeitkonto" genannt) verbucht. Krankheitstage werden ebenso wie Urlaubstage und feiertagsbedingter Arbeitsausfall mit der jeweiligen Tages-Vertragsarbeitszeit angerechnet („Durchschnittsprinzip") und sind damit im Arbeitszeitkonto neutral.

Überschreitungen des Arbeitszeitrahmens und „Kernzeitverletzungen" sind nur nach vorheriger Abstimmung mit der Führungskraft zulässig. Dies gilt insbesondere auch für die sogenannten „Gleittage" – also ganze freie Arbeitstage, die dem Arbeitszeitkonto belastet werden. Diesbezüglich gibt es zur Verminderung des An- spar-Anreizes vielfach Restriktionen wie „maximal 1 Gleittag pro Monat", „Gleittage müssen von Arbeitstagen umschlossen sein", etc. – und auch Regelungen ganz ohne Gleittage sind selbstverständlich möglich. Genehmigt die Führungskraft ausnahmsweise Arbeitszeiten außerhalb des Arbeitszeitrahmens, hat sie in besonderem Maße darauf zu achten, dass die betreffenden Mitarbeiter sowohl die gesetzliche Tages-Höchstarbeitszeit als auch die gesetzliche Mindestruhezeit zwischen zwei Arbeitstagen (11 h) einhalten.

Vorteile

- relativ geringer Abstimmungsbedarf
- gewisses Maß an „Arbeitszeitsouveränität" für die Mitarbeiter

Nachteile

- Aufwand für Zeiterfassung und Arbeitszeitkonten
- die Kernzeit reicht in der Regel als Servicezeit nicht aus, erzwingt Anwesenheit auch ohne Bedarf und erfordert individuelle Regelungen für Teilzeitbeschäftigte
- Anreiz zum Ansparen von Guthaben auf dem Arbeitszeitkonto („Hamstern" – besonders für Gleittage)

2.3   Flexibler Tagdienst

Beim Flexiblen Tagdienst entfällt gegenüber der Gleitzeit „nur" die Kernzeit und wird darüber hinaus auch der Arbeitszeitrahmen oft erweitert – z. B. auf 13 h, um so bei Arbeit innerhalb dieses Rahmens die Einhaltung der gesetzlichen Mindestruhezeit automatisch zu gewährleisten. In Bereichen, die für ihre externen und/oder internen Kunden Sofortleistungen erbringen müssen oder sollen, werden innerhalb des Arbeitszeitrahmens bedarfsgerechte Servicezeiten festgelegt, während derer die Mitarbeiter die Erbringung dieser Leistungen gemeinsam sicherstellen. Funktioniert dies nicht, erstellt die Führungskraft eine entsprechende Einsatzplanung.

Beispiel

Die Mitarbeiter können ihre Arbeitszeit innerhalb eines Arbeitszeitrahmens MO-FR 07:00–20:00 grundsätzlich frei gestalten. Sollte im betreffenden Bereich eine Servicezeit gelten (maximal zulässig wäre hierfür eine Dauer von 07:00–20:00, wie sie sich z. B. für eine interne IT-Hotline anbieten kann), haben die hier tätigen Mitarbeiter gemeinsam für deren Abdeckung zu sorgen. Pausen sind mindestens entsprechend den gesetzlichen Mindestvorgaben einzulegen: Bis zu 6 h darf pausenfrei gearbeitet werden, bei mehr als 6 h bis 9 h Tages-Arbeitszeitdauer sind mindestens 30 min oder 2-mal mindestens 15 min Pausenzeit einzulegen und bei mehr als 9 h Tages-Arbeitszeitdauer mindestens 45 min Pausenzeit in Abschnitten à mindestens 15 min. Zu Tages-Vertragsarbeitszeit und Arbeitszeitkonto siehe das vorige Unterkapitel.◄

Überschreitungen des Arbeitszeitrahmens und „Gleittage" sind nur nach vorheriger Abstimmung mit der Führungskraft zulässig.

Vorteile

* hohes Maß an „Arbeitszeitsouveränität" für die Mitarbeiter
* Servicezeiten können bei Bedarf eingeführt werden

Nachteile

* Aufwand für Zeiterfassung und Arbeitszeitkonten
* Anreiz zum Ansparen von Guthaben auf dem Arbeitszeitkonto („Hamstern" – besonders für Gleittage)
* hoher Abstimmungsbedarf

2.4 Vertrauensarbeitszeit

Bei der Vertrauensarbeitszeit entfallen gegenüber dem Flexiblen Tagdienst „nur" die Führung des Arbeitszeitkontos und damit die diesbezügliche Zeiterfassung. Grundsätzlich unverändert bleiben dagegen die Regelungen zu Servicezeiten, Arbeitszeitrahmen und zur zeitlichen Bewertung von Krankheits- und Urlaubstagen (mit der jeweiligen Tages-Vertragsarbeitszeit).

Abweichungen von der jeweiligen Tages-Vertragsarbeitszeit gleichen die Mitarbeiter mangels Arbeitszeitkonto zeitnah eigenverantwortlich aus – ähnlich also wie in der Flexiblen Standardarbeitszeit, bei der solche Abweichungen jedoch der vorherigen Abstimmung mit der Führungskraft bedürfen. Ist dies dem Mitarbeiter nicht möglich, liegt also zumindest subjektiv Über- oder Unterlast vor, ist die Führungskraft dafür verantwortlich, dass das Gleichgewicht unverzüglich (Arbeitszeitkonten, die die Verzögerung von Anpassungsprozessen erlauben würden, gibt es ja nicht) wiederhergestellt wird. Dabei ist ggf. natürlich zu berücksichtigen, ob der betreffende Mitarbeiter tatsächlich Anspruch auf Vergütung oder Freizeitausgleich mehr geleisteter Arbeitszeit hat, was gerade bei AT-Angestellten vertraglich vielfach ausgeschlossen ist und auch bei leistungsbezogener Vergütung fraglich sein kann. Die wichtigsten Sofort-Maßnahmen zur Wiederherstellung der

Balance von Arbeitsanforderungen und vertraglichen Arbeitszeitverpflichtungen sind:

- Entlastung von Arbeitsaufgaben bzw. Zuweisung zusätzlicher Arbeitsaufgaben;
- Vereinbarung einer bedarfsgerecht ungleichmäßigen Verteilung der Tages-Vertragsarbeitszeit (siehe im Einzelnen das folgende Beispiel);
- Vereinbarung von – vergüteter oder einem Wertguthaben (siehe Abschn. 4.4) gutgeschriebener – Mehrarbeit bzw. (vorübergehende) Reduzierung der Vertragsarbeitszeit.

Mittelfristig können darüber hinaus Maßnahmen zur Steigerung der persönlichen Produktivität des Mitarbeiters angezeigt sein.

Beispiel

Die Mitarbeiter können ihre Arbeitszeit innerhalb eines Arbeitszeitrahmens MO-FR 07:00–20:00 grundsätzlich frei gestalten. Sollte im betreffenden Bereich eine Servicezeit gelten, haben die hier tätigen Mitarbeiter gemeinsam für deren Abdeckung zu sorgen. Pausen sind mindestens entsprechend den gesetzlichen Mindestvorgaben einzulegen (siehe im Einzelnen das vorige Unterkapitel). Überschreitungen des Arbeitszeitrahmens sind nur nach vorheriger Abstimmung mit der Führungskraft zulässig, die in diesem Fall in besonderem Maße für die Einhaltung der gesetzlichen Tages-Höchstarbeitszeit und der gesetzlichen Mindestruhezeit verantwortlich ist. Die Zeiterfassung ist auf das gesetzlich erforderliche Mindestmaß beschränkt (siehe im Einzelnen Abschn. 4.1).◄

Die Wochen-Vertragsarbeitszeit wird grundsätzlich gleichmäßig à 1/5 auf die Werktage MO-FR verteilt; Abweichungen hiervon können mit den einzelnen Mitarbeitern vereinbart werden, wobei jedoch zur Gewährleistung einer gewissen Arbeitszeitreserve bis zur gesetzlichen Tages-Höchstarbeitszeit die maximale Dauer der Tages-Vertragsarbeitszeit auf 8,5 h beschränkt sein sollte und bei ungleich langen Tages-Vertragsarbeitszeiten ein Urlaubsstundenkonto (siehe Abschn. 4.3) geführt wird.

Abweichungen von der jeweiligen Tages-Vertragsarbeitszeit gleichen die Mitarbeiter eigenverantwortlich zeitnah aus. Gelingt dies (absehbar) nicht, können Führungskraft und Mitarbeiter entweder eine vorübergehende abweichende Verteilung der Vertragsarbeitszeit oder vergütete Mehrarbeit vereinbaren. So kann zum Beispiel mit einem Vollzeitmitarbeiter, der normalerweise auf Basis einer gleichmäßig à 8 h auf MO-FR verteilten Vertragsarbeitszeit arbeitet, im Endstadium eines Projekts vereinbart werden, dass er bedarfsgerecht 4 Wochen lang täglich 1 h länger arbeitet sowie 5 h an den SA. Zum Ausgleich für die auf diese Weise mehr geleisteten 40 h Arbeitszeit wird im darauffolgenden Sommer sein Urlaub um 1 Kalenderwoche = 40 h Freizeitausgleich verlängert. Ist ein solcher Freizeitausgleich nicht möglich, wird die planmäßige Mehrarbeit jeweils per Monatsende vergütet.

Vorteile

- einfach und unaufwendig
- hohes Maß an „Arbeitszeitsouveränität" für die Mitarbeiter – insbesondere auch hinsichtlich der Durchmischung von Arbeitszeit und Privatzeit am Arbeitsplatz
- kein Anreiz zu Arbeitszeit-Mehrverbrauch
- Servicezeiten können bei Bedarf eingeführt werden

Nachteile

- hoher Abstimmungsaufwand
- Führung anspruchsvoll

2.5 Arbeitszeitfreiheit

Bei Arbeitszeitfreiheit entfallen gegenüber der Vertrauensarbeitszeit „nur" die Regelungen zur (Wieder-)Herstellung der Balance zwischen Arbeitsanforderungen und vertraglichen Arbeitszeitverpflichtungen. Grundsätzlich unverändert bleiben dagegen die Regelungen zu Servicezeiten, Arbeitszeitrahmen, arbeitszeitgesetzlicher Arbeitszeiterfassung und zeitlicher Bewertung von Krankheits- und Urlaubstagen, wobei hier jedoch grundsätzlich nur die gleichmäßige Verteilung der Vertragsarbeitszeit auf MO-FR infrage kommen kann.

Bei Arbeitszeitfreiheit wird für den jeweiligen Planungszeitraum der Leistungsmaßstab Arbeitszeit durch einen anderen Leistungsmaßstab ersetzt – z. B. durch das Erreichen bestimmter Ziele. Wie viel Arbeitszeit der Mitarbeiter hierfür dann tatsächlich aufwendet (wobei die gesetzlichen Bestimmungen selbstverständlich zu beachten sind), spielt dann keine Rolle mehr. Problematisch ist dies insbesondere dann, wenn sich eine der beiden Seiten (in der Regel, aber keineswegs immer, der Arbeitgeber) in einer starken Position befindet und diese dann auch zulasten der anderen Seite nutzt. Des Weiteren kann es – wie von Zielvereinbarungen bekannt – dann zu Problemen kommen, wenn die Ziele nicht genau genug vereinbart werden und/oder es, auch aufgrund eines zu langen Planungszeitraums, zu externen Einflüssen kommt, die die Zielerreichung erleichtern, erschweren oder sogar verunmöglichen. In solchen Situationen muss dann nachverhandelt werden, was bei Machtungleichgewicht zu problematischen Ergebnissen führen kann.

Vorteile

- hohes Maß an „Arbeitszeitsouveränität" für die Mitarbeiter – insbesondere auch hinsichtlich der Durchmischung von Arbeitszeit und Privatzeit am Arbeitsplatz
- kein Anreiz zu Arbeitszeit-Mehrverbrauch
- Servicezeiten können bei Bedarf eingeführt werden

Nachteile

- hoher Abstimmungsaufwand
- alternative Leistungsmaßstäbe konfliktträchtig

Flexible disponierte Arbeitszeitsysteme   3

Flexible disponierte Arbeitszeitsysteme kommen dann zum Einsatz, wenn zumindest weit überwiegend Sofortarbeit zu leisten ist – weil z. B. eine Anlage oder ein Call Center zu besetzen ist. Sie können Schichtsystem-, Dienstplan- und Einsatzplanungselemente aufweisen, weswegen diese drei Verfahren zur Unterstützung eines bedarfsgerechten Mitarbeitereinsatzes hier zunächst in den Abschn. 3.1 bis 3.3 in ihren Reinformen vorgestellt werden. Anschließend geht es in Abschn. 3.4 um sinnvolle Kombinationen dieser Elemente.

3.1 Schichtsystem

Schichtsysteme werden bei einfachen und (halbwegs) stabilen Anforderungen hinsichtlich Besetzungszeit und -stärke eingesetzt – vor allem in der industriellen Produktion. Ihr hauptsächliches Kennzeichen ist, dass in ihnen Gruppen von Mitarbeitern (Schichtteams) zusammenarbeiten und der Schichtplan „ewig" (das heißt: bis zur Ersetzung durch einen anderen) läuft, wobei sich die Schichtenfolge – der eigentliche Schichtplan – nach einigen Wochen (dem Schichtzyklus) wiederholt.

Die Entwicklung eines Schichtsystems muss mit der Bestimmung des Personalbedarfs beginnen, weil wegen der hiermit praktisch ausschließlich abzudeckenden Sofortarbeit weder Überbesetzungen (Verschwendung von Arbeitszeit) noch Unterbesetzungen (mit der Folge von Maschinenstillstand, Überlastung der Mit- arbeiter, Kundenunzufriedenheit, etc.) toleriert werden können. Am einfachsten erfolgt diese Berechnung mithilfe des in Abb. 3.1 vorgestellten Verfahrens, das im weiteren Verlauf anhand eines relativ einfachen Beispiels aus dem vollkontinuierlichen (rund um die Uhr) Schichtbetrieb erläutert wird.

①
Arbeitszeitbedarf (h/w)
$\overline{}$ = Netto-Personalbedarf **(vor Abwesenheitszeiten)**
Arbeitszeit / MA (h/w)

Arbeitszeitbedarf: Besetzungszeit x Besetzungsstärke/n, ggf. im Jahresdurchschnitt und abzüglich nicht auf die Arbeitszeit angerechneter Pausenzeit
Arbeitszeit / MA: Regelarbeitszeit oder hiervon abweichende Planarbeitszeit

②
Netto-Personalbedarf
$\overline{}$ = Brutto-Personalbedarf
1 - (Abwesenheitsquote (%) : 100 (%))

Dabei ist die **Abwesenheitsquote** unter Berücksichtigung der *systemextern* (z.B. durch andere Bereiche, Leiharbeit, Ferienhelfer) vertretenen Abwesenheitszeiten festzulegen.

Abb. 3.1   Ermittlung des Personalbedarfs – in zwei Schritten

Zunächst ist der Arbeitszeitbedarf pro Woche zu ermitteln. Dazu zählt man einfach die Arbeitszeitmengen zusammen, die für die gewünschte Arbeitsplatzbesetzung erforderlich sind.

Beispiel In einem Kraftwerk sind rund um die Uhr, also an allen Kalendertagen, 8 Arbeitsplätze unterschiedlicher Qualifikation zu besetzen. Gearbeitet wird in 3 Schichten von 06:00–14:15 (Frühschicht), 14:00–22:15 (Spätschicht) und 22:00–06:15 (Nachtschicht), sodass stets 15 min Übergabezeit gewährleistet sind. Die Pausen von nach Wahl der Mitarbeiter 30 min oder 2×15 min pro Schicht, zu nehmen grundsätzlich innerhalb in den einzelnen Schichten festgelegter Korridore, werden wie Arbeitszeit bezahlt. Flexibilität ist hier daher grundsätzlich „nur" beim Ausfall von Mitarbeitern erforderlich.

Bei 8 zu besetzenden Arbeitsplätzen und $[3 \times 7 =]$ 21 Schichten pro Woche à 8,25 h Arbeitszeit beträgt der Arbeitszeitbedarf $[8 \times 21 \times 8{,}25 \text{ h} =]$ 1386 h/w.

Wäre die Pausenzeit unbezahlt, wären pro Schicht nur 7,75 h Arbeitszeit anzusetzen. Wären statt 8 Arbeitsplätzen nur z. B. jahresdurchschnittlich 7,4 und/oder statt 21 Schichten pro Woche nur z. B. jahresdurchschnittlich 19,6 zu besetzen, wären genau diese Werte in die Formel einzusetzen; etc. Die in solchen Fällen nicht vermeidbaren Prognosefehler können dabei über die flexible Schichtpläne stets begleitenden Arbeitszeitkonten (siehe im Einzelnen Abschn. 4.2) abgepuffert werden. Wurde z. B. der durchschnittliche Besetzungsbedarf zu niedrig einge-schätzt, laufen dadurch zunächst einmal „nur" Arbeitszeitguthaben auf, deren Freizeitausgleich dann ggf. durch nachgeschobenes Personal ermöglicht werden kann.

Sodann ist die Arbeitszeit pro Mitarbeiter festzulegen. Normalerweise wird hier die Vollzeit-Vertragsarbeitszeit gewählt; es könnte aber auch mehr (um z. B. zusätzlich Überstunden vergüten zu können und/oder einen Zufluss zu einem Wertguthaben – siehe im Einzelnen Abschn. 4.4 – zu erzeugen) oder weniger sein (damit z. B. aufgelaufene Arbeitszeitguthaben abgebaut werden können).

Beispiel (Fortsetzung) Die Regelarbeitszeit beträgt 40 h/w und soll hier auch zugrunde gelegt werden.

Mit diesen beiden Werten kann dann bereits der „Netto-Personalbedarf" ermittelt werden, bei dem die Abwesenheiten der Mitarbeiter (noch) nicht berücksich-tigt sind. Er entspricht dem tatsächlichen Personalbedarf dann, wenn die durch Urlaub, Krankheit und andere Abwesenheiten der Mitarbeiter vom Arbeitsplatz entstehenden Lücken anderweitig – etwa durch außerhalb des Schichtsystems beschäftigte Springer – gefüllt werden.

Beispiel (Fortsetzung) Der Netto-Personalbedarf beträgt [1386 h/w : 40 h/w =] 34,65 Stellen (oder „Vollzeit-Äquivalente", FTE, u. ä.). Er sollte stets mit 2 Stellen hinter dem Komma berechnet werden, weil es auch im Schichtbetrieb zunehmend Teilzeitbeschäftigte gibt, die entsprechend anteilig zu berücksichtigen sind, was ebenfalls zu „krummen" Werten führt. Stehen zeitweise mehr Stellen zur Verfügung als berechnet und treffen alle Annahmen, die der Ermittlung des Personalbedarfs zugrunde lagen, tatsächlich zu, sinkt bei effizientem Personaleinsatz der durch-schnittliche Saldo der Arbeitszeitkonten, während dieser im umgekehrten Fall unter sonst gleichen Umständen steigt.

Anschließend ist zu entscheiden, ob Abwesenheiten der Mitarbeiter aus dem Schichtsystem heraus vertreten werden müssen oder sollen und ggf. zu welchem Teil. Ist dies der Fall, so ist dem Schichtsystem zwar mehr Personal zuzuwei-sen, nehmen aber zugleich die an dieses gerichteten Flexibilitäts-Anforderungen deutlich zu: weil es dann nicht mehr „nur" Schwankungen des Arbeitsanfalls, sondern auch solche der Personalverfügbarkeit bewältigen muss. Hier werden in der Praxis die meisten Fehler gemacht: zum einen hinsichtlich einer oft nicht ausreichenden Personalausstattung, zum anderen aber auch durch Einführung auf den ersten Blick guter Schichtpläne, die sich dann aber infolge der gegenseitigen Ausfallzeiten-Vertretung deutlich verschlechtern.

Beispiel (Fortsetzung) Angesichts der langen Anlernzeiten müssen in unserem Kraftwerk sämtliche Mitarbeiter-Abwesenheiten systemintern vertreten werden.

Die Quote der zu vertretenden Abwesenheitszeiten wird am einfachsten wie folgt jahresbezogen auf Basis einer 5-Tage-Woche ermittelt – in unserem

Beispiel (Fortsetzung) auf Grundlage dieser Annahmen:

Urlaub	6 w
Tariflicher Zusatzurlaub für Schichtarbeit	6 Tage = 1,2 w
Krankheit	4 % = [52,18 Wochen/Jahr × 0,04 =] 2,09 w
Freizeitausgleich für Feiertage	–
Fort- und Weiterbildung	3 Tage = 0,6 w
Sonstiges (grobe Schätzung)	1 w
Insgesamt	10,89 Wochen/Jahr
Zu vertretende Abwesenheitsquote	[10,89 : 52,18 × 100 =] 20,87 %

Hat man keine genauen Angaben, empfehle ich, bei systeminterner Vertretung sämtlicher Abwesenheitszeiten eine Quote von 20 % anzusetzen.

Abschließend ist dann noch die zu vertretende Abwesenheitsquote in die obige Formel einzugeben, mit der der korrekte (Brutto-)Personalbedarf ermittelt wird.

Beispiel (Fortsetzung) Der Personalbedarf beträgt [34,65: (1 – 20,87 : 100) =] 43,79 Stellen.

Ist der erforderliche Personalbedarf, ermittelt, geht es im zweiten Schritt darum, auf wie viele Schichtteams die Mitarbeiter aufgeteilt werden sollen. Dabei sollten zur Vermeidung unnötigen Organisationsaufwands grundsätzlich die folgenden Faustregeln beachtet werden:

- Es sollte mindestens so viele Schichtteams geben wie Schichten pro Tag (in unserem Beispiel also mindestens 3). Allerdings wird im voll besetzten 7-Tage-Betrieb (wie in unserem Beispiel) mangels akzeptabler Schichtpläne – siehe hierzu weiter unten – mindestens 1 Team mehr benötigt; in unserem Beispiel sind es also mindestens 4.

• Die Zahl der Mitarbeiter pro Schichtteam sollte die Zahl der gleichzeitig (maximal) zu besetzenden Arbeitsplätze (in unserem Beispiel 8) nicht unterschreiten.

Beispiel (Fortsetzung) Infrage kommen bei Beachtung dieser Faustregeln entweder 4 Teams à (durchschnittlich) [43,79 : 4 =] 10,95 Stellen oder 5 Teams à (durchschnittlich) [43,79 : 5 =] 8,76 Stellen.

Bei der Verteilung der Mitarbeiter auf die einzelnen Schichtteams ist zur Gewährleistung weitestmöglicher Gleichbehandlung auf eine quantitativ wie qualitativ gleichmäßige Besetzung zu achten.

Nun ist für die infrage kommenden Teamkonstellationen jeweils mindestens ein passender Schichtplan zu entwickeln. Dabei stelle ich im Folgenden nur einfache kalenderwochenbasierte Schichtpläne vor, deren Zyklusdauer in Wochen der Zahl der Schichtteams entspricht – in unserem Beispiel also jeweils einen 4- und einen 5-Wochen-Plan. Bei deren Gestaltung sind gemäß § 6 Arbeitszeitgesetz die gesicherten arbeitswissenschaftlichen Erkenntnisse zu berücksichtigen, die es insbesondere nahelegen,

• nicht mehr als 7 Tage in Folge und
• maximal 4 Nachtschichten am Stück anzusetzen und
• nach der jeweils letzten Nachtschicht ausreichend Regenerationszeit vorzusehen – möglichst mindestens ca. 48 h.

Beispiel (Fortsetzung) Die Entwicklung eines Schichtplans sollte stets damit beginnen, dass die zu besetzenden Schichten in bei Einsatz von 4 Schichtteams 4 Zeilen (für die 4 Schichtteams und die 4 Wochen) unter die 7 Wochentage geschrieben werden; dabei verbleibende Leerstellen werden durch „–" (freie Tage) aufgefüllt:

	MO	DI	MI	DO	FR	SA	SO
1	F	F	F	F	F	F	F
2	S	S	S	S	S	S	S
3	N	N	N	N	N	N	N
4	–	–	–	–	–	–	–

Schichtplangestaltung besteht dann „lediglich" darin, diese Schichten und freien Tage unter Berücksichtigung der obigen Empfehlungen (und natürlich im Rahmen der gesetzlichen und ggf. der tarifvertraglichen Bestimmungen) in eine sinnvolle Reihenfolge zu bringen, wobei aus den 4 Zeilen die 4 Schichtplan-Wochen werden, in denen jeweils eines der 4 Schichtteams beginnt – z. B. so:

	MO	DI	MI	DO	FR	SA	SO
1	S	S	S	N	N	N	N
2	–	–	–	S	S	S	S
3	N	N	N	–	–	F	F
4	F	F	F	F	F	–	–

Woche

Dieser Schichtplan weist maximal 4 Nachtschichten in Folge auf, ausreichend Regenerationszeit nach den letzten Nachtschichten (im Anschluss an den 4-Nächte-Block 79,75 h und im Anschluss an den 3-Nächte-Block 47,75 h) sowie günstig liegende Wochenendfreizeit von FR 14:15 bis MO 14:00 (71,75 h). Da die Mitarbeiter in diesem Schichtplan deutlich über ihre Vertragsarbeitszeit hinaus arbeiten – sie erreichen hierin durchschnittlich [21 × 8,25 h : 4 w =] ca. 43,3 h/w Arbeitszeit –, kommen für sie außerdem noch knapp 20 individuelle Freischichten pro Jahr hinzu (Faustformel: 1 h/w = knapp 6 Freischichten pro Jahr).

Abschließend muss dann jeder Schichtplan noch mit dem ihn zwingend begleitenden Arbeitszeitkonto verknüpft werden; siehe hierzu im Einzelnen Abschn. 4.2. Zur Festlegung von dessen Nulllinie müssen die Vertragsarbeitszeiten im Schichtplan auf die einzelnen schichtplanmäßigen Arbeitstage verteilt werden. Dabei gibt es oft mehrere Möglichkeiten, aus denen es die jeweils sinnvollste herauszufinden gilt.

Beispiel (Fortsetzung) Der obige Schichtplan für 4 Schichtteams enthält 21 gleich lange Schichten, sodass es naheliegt, die Vertragsarbeitszeit von [4 w × 40 h/w =] 160 h pro Schichtzyklus gleichmäßig à [160 h : 21 =] 7,62 h bzw. 7 h 37 min auf diese Schichten zu verteilen. Soll dann ein Arbeitszeitguthaben nur dann erworben werden, wenn der Mitarbeiter tatsächlich gearbeitet hat, und umgekehrt eine Belastung des Arbeitszeitkontos nur durch tatsächliche Freizeit erfolgen (dieses sogenannte Durchschnittsprinzip ist immer dann angezeigt, wenn nicht genau feststeht, wie gearbeitet worden wäre, und wird darüber hinaus in der betrieblichen Praxis meist als gerechter empfunden als das alternative Ausfall- oder „Glück/Pech-Prinzip"), ergeben sich hieraus die folgenden Bewegungen des Arbeitszeitkontos:

Geleistete Schicht	+38 min
Freischicht	−7 h 37 min
Urlaub, Krankheit, etc.	±0 h

Vor diesem Hintergrund können Teilzeitbeschäftigte sehr einfach in das Schichtsystem integriert werden – und fördern wegen der dadurch höheren Zahl von Mitarbeitern potenziell dessen Flexibilität: Für sie gilt einfach derselbe Schichtplan mit reduzierter Tages-Vertragsarbeitszeit. Vermindert ein Mitarbeiter seine Vertragsarbeitszeit also beispielsweise auf 35 h/w, beträgt seine Tages-Vertragsarbeitszeit in diesem Schichtsystem [4 w × 35 h/w : 21 =] 6,67 h bzw. 6 h 40 min, wodurch sich auf seinem Arbeitszeitkonto diese Standardbewegungen ergeben:

Geleistete Schicht	+1 h 35 min
Freischicht	−6 h 40 min
Urlaub, Krankheit, etc.	±0 h

Während also ein 40-h/w-Mitarbeiter ca. 12 Schichten leisten muss, um in den Genuss einer Freischicht zu kommen, benötigt ein 35-h/w-Mitarbeiter hierfür nur ca. 4,2 Schichten. Dies zeigt, wie wichtig gerade die vollzeitnahe Teilzeitarbeit im Schichtbetrieb ist, um z. B. gesundheitlich angeschlagene Mitarbeiter oder solche mit familiären Verpflichtungen einbeziehen zu können.

Da es in diesem Schichtplan dann durchschnittlich [21 : 4 =] 5,25 mit Vertragsarbeitszeit belegte Arbeitstage pro Woche gibt, ist die Zahl der Urlaubstage von insgesamt – siehe oben – 36 Tagen (bei 5-Tage-Woche) auf [36 : 5 × 5,25 =] 37,8 Tage anzuheben, damit die Mitarbeiter einen gleichwertigen Urlaubsanspruch wie bei 5-Tage-Woche haben. Bei Führung eines Urlaubsstundenkontos (siehe Abschn. 4.3) ergibt sich dieser Effekt ganz automatisch.

Beispiel (Fortsetzung) Auch bei der Entwicklung eines Schichtplans für 5 Schichtteams werden zunächst die zu besetzenden Schichten in – dieses Mal – 5 Zeilen unter die 7 Wochentage geschrieben und dabei verbleibende Leerstellen durch freie Tage aufgefüllt:

	MO	DI	MI	DO	FR	SA	SO
1	F	F	F	F	F	F	F
2	S	S	S	S	S	S	S
3	N	N	N	N	N	N	N
4	–	–	–	–	–	–	–
5	–	–	–	–	–	–	–

Aus diesen 5 Zeilen werden dann wieder die 5 Schichtplan-Wochen, in denen jeweils eines der 5 Schichtteams beginnt – z. B. wie folgt:

	MO	DI	MI	DO	FR	SA	SO
1	F	F	F	–	–	–	–
2	–	S	S	S	N	N	N
3	N	–	–	F	F	F	F
4	–	–	–	–	S	S	S
5	S	N	N	N	–	–	–

Woche

Allerdings wird in diesem Schichtplan die Vollzeit-Vertragsarbeitszeit nicht erreicht: Zu den in 5 Wochen zu leistenden [5×40 h $=$] 200 h Arbeitszeit fehlen hierin [200 h $- 21 \times 8{,}25$ h $=$] 26,75 h, also gut 3 Schichten pro Schichtzyklus, die entsprechend der Eingangsannahme zur Vertretung abwesender Kollegen in den anderen Teams (!) hereinzuarbeiten sind. Da diese Vertretungsbedarfe jedoch in allen 21 Betriebsschichten auftreten können, empfiehlt es sich, im Schichtplan jeden Kalendertag einmal als potenziellen Vertretungstag zu kennzeichnen und einen als definitiv frei – etwa so (mit –* als potenziellem Vertretungstag):

	MO	DI	MI	DO	FR	SA	SO
1	F	F	F	– *	– *	– *	– *
2	–	S	S	S	N	N	N
3	N	–	–	F	F	F	F
4	– *	– *	– *	–	S	S	S
5	S	N	N	N	–	–	–

Woche

In diesem Schichtplan ist selbst im – sehr unwahrscheinlichen – „worst case" der zeitweisen Nutzung sämtlicher potenziellen Vertretungstage sichergestellt, dass nicht mehr als 7 Tage in Folge gearbeitet wird und nicht mehr als 4 Nachtschichten am Stück geleistet werden und es nur dann, wenn in der MI- oder in der SO-Nachtschicht vertreten werden muss, zu weniger als ca. 48 h Ruhezeit nach der letzten Nachtschicht kommt.

Auch dieser Schichtplan ist wieder mit dem ihn zwingend begleitenden Arbeitszeitkonto zu verknüpfen. Angesichts seiner 21 Schichten und 7 potenziellen Ver- tretungstage könnte es hier naheliegen, die Vertragsarbeitszeit so zu verteilen, dass die insgesamt 21 Früh-, Spät- und Nachtschichten mit den hier zu leistenden 8 h 15 min Arbeitszeit angesetzt werden und die potenziellen Vertretungstage mit 1/7 der verbleibenden 26,75 h (bei 40-h-Woche), also mit 3,82 h bzw. 3 h 49 min. Unter diesen Umständen ergäben sich die folgenden Standardbewegungen des Arbeitszeitkontos:

Geleistete FSN	±0 h
Freischicht in einer FSN	−8 h 15 min
Geleistete Schicht an einem −*	+4 h 26 min
Freischicht an einem −*	−3 h 49 min
Urlaub, Krankheit, etc.	±0 h

Bei einem Teilzeitbeschäftigten mit 35 h/w Vertragsarbeitszeit betragen die Tages-Vertragsarbeitszeiten dementsprechend 8 h 15 min bzw. 15 min und ergeben sich die folgenden Standardbewegungen des Arbeitszeitkontos:

Geleistete FSN	±0 h
Freischicht in einer FSN	−8 h 15 min
Geleistete Schicht an einem −*	+8 h
Freischicht an einem −*	−15 min
Urlaub, Krankheit, etc.	±0 h

Während ein Vollzeitbeschäftigter durchschnittlich [3,82 h × 7 : 8,25 h =] 3,24 Tage pro Schichtzyklus vertretungsweise arbeiten muss, um auf seine Vertragsarbeitszeit zu kommen, reicht dem 35-h/w-Mitarbeiter hierfür durchschnittlich [0,25 h × 7 : 8,25 h =] 0,21 Tag – was erklärt, warum vollzeitnahe

Teilzeitarbeit, soweit angeboten, gerade in flexiblen Schichtsystemen mit Vertretungsschichten bei den Mitarbeitern sehr populär ist.

Wegen der in diesem Beispiel unterschiedlichen Tages-Vertragsarbeitszeiten muss ein Urlaubsstundenkonto geführt werden (siehe im Einzelnen Abschn. 4.3), dem die einzelnen Urlaubstage mit 8 h 15 min bzw. 3 h 49 min bzw. 0 h 15 min belastet werden. Dies hat den den Personaleinsatz erleichternden Nebeneffekt, dass es für die Mitarbeiter relativ interessant ist, an den potenziellen Vertretungstagen Urlaub zu nehmen, an denen sie ja nicht vertreten werden müssen.

Hat man wie in unserem Kraftwerk-Beispiel (was aber auch sonst oft der Fall ist) die Wahl zwischen einem Schichtsystem mit im Verhältnis zur Zahl der von ihnen zu besetzenden Arbeitsplätzen „großen" Schichtteams und einem solchen mit diesbezüglich „kleinen" Schichtteams (im Kraftwerk-Beispiel also zwischen einem Schichtsystem mit durchschnittlich 10,95 und einem solchen mit durchschnittlich 8,76 Stellen pro Schichtteam), sollte die Entscheidung grundsätzlich pro großes Schichtteam fallen – aus den folgenden Gründen:

- Hier kann die erforderliche Flexibilität zumindest überwiegend teamintern organisiert werden, was den Steuerungsaufwand reduziert und Selbstgestaltungs- optionen der Mitarbeiter ermöglicht (siehe im Einzelnen Abschn. 3.4). Bei kleinen Schichtteams ist dagegen teamübergreifende Flexibilität erforderlich – in unserem Beispiel mittels der Vertretungsschichten. Letzteres wird betrieblich allerdings oft positiv gewertet, weil es der potenziell unproduktiven Abschottung der einzelnen Schichtteams gegeneinander entgegenwirken kann.
- Die Mitarbeiter bauen in ihren Arbeitszeitkonten fortlaufend Plusstunden auf und erhalten im Gegenzug gemäß den jeweils vereinbarten Spielregeln (siehe Abschn. 3.4) Freischichten, was beides gut für die Akzeptanz des Schichtsystems ist. Bei kleinen Schichtteams müssen die Mitarbeiter dagegen zur Erreichung ihrer Vertragsarbeitszeit in der Regel Zusatzschichten leisten (der Grund-Schichtplan läuft für sie also fortlaufend ins Minus) – und zudem in den anderen Schichtteams, was beides die Akzeptanz solcher Systeme beeinträchtigt.

Ist die Zahl der im Schichtbetrieb zu besetzenden Arbeitsplätze jedoch sehr klein – z. B. 1 oder 2 pro Schicht –, gibt es keine andere Möglichkeit, als mit kleinen

Schichtteams zu arbeiten. Gleiches gilt, wenn es in den einzelnen Schichtteams Spezialisten gibt, die teamintern nicht vertreten werden können.

Abschließend nun noch ein kurzer Blick auf drei weitere, im Schichtbetrieb potenziell interessante Gestaltungsoptionen, die jedoch an dieser Stelle nur kurz angerissen werden können:

- Schichten unterschiedlicher Dauer, um dadurch in erster Linie bessere Frei- und Sozialzeiten zu erzeugen. So kann z. B. die Frühschicht von 06:00–12:00, die Spätschicht von 12:00–21:00 und die Nachtschicht von 21:00–06:00 angesetzt werden. Dies macht zum einen die Frühschicht besonders interessant und reduziert zugleich die mit ihr wegen des frühen Aufstehens verbundene Belastung. Zum anderen wird dadurch das Ende der Spätschicht so weit vorgezogen, dass anschließend noch ein gewisses Maß an Sozialzeit gegeben sein kann.
- Nur 2 Schichten pro Tag mit einer Arbeitszeitdauer von maximal 10 h (zzgl. Pausen) – der gesetzlichen Tages-Höchstarbeitszeit. Wird dann pro Schicht 2 h Pausenzeit angesetzt (z. B. zur Erfüllung der gesetzlichen Vorgaben 2 Pausen à 30 min und zusätzlich 6 Kurzpausen à 10 min, die eventuell ganz oder teilweise wie Arbeitszeit vergütet werden, was an ihrem Pausencharakter nichts ändert), kann hiermit auch ein 24-h-Betrieb erreicht werden. Bei entsprechender Tariföffnung oder mit Genehmigung der Aufsichtsbehörde können im Übrigen auch mehr als 10 h Arbeitszeit pro Schicht zulässig sein. Schichtsysteme auf 12-h-Basis weisen deutlich weniger Arbeitstage auf als solche mit 3 Schichten pro Tag und ermöglichen daher insbesondere Schichtpläne mit sehr kurzen Arbeitstage- und Nachtschicht-Blöcken.
- Schichtsysteme, in denen die Mitarbeiter sehr unterschiedliche Nachtarbeitsanteile leisten können – bis hin zu Dauernachtschichten; solche Systeme werden bei alternden Belegschaften mit entsprechend abnehmender Nachtschichttauglichkeit immer wichtiger. Hier ein einfaches Beispiel aus dem teilkontinuierlichen (also mit Unterbrechung am Wochenende) 3-Schicht-Betrieb für 3 Schichtteams, von denen 2 im selben Schichtplan mit 50 % Nachtschichtanteil arbeiten, was dem 3. Schichtteam (nachfolgend Team 1) das Arbeiten ausschließlich in Früh- und Spätschicht ermöglicht:

	1	2	3	4	Woche
Team 1	F	S	F	S	
Team 2	N	N	S	F	

	1	2	3	4	Woche
Team 3	S	F	N	N	

3.2   Monatsdienstplan

„Monatsdienstplan" wird hier als Sammelbegriff für Arbeitszeitsysteme verwendet, in denen die Arbeitszeiten der Mitarbeiter über einen Zeitraum von mehreren Wochen disponiert werden. Am weitesten verbreitet sind neben dem Monat 4-Wochen- sowie 2- und 3-Monats-Zeiträume.

Monatsdienstpläne werden vor allem dort eingesetzt, wo komplexe, aber (halbwegs) stabile Besetzungsanforderungen vorliegen – wie z. B. in Krankenhäusern und Rundfunkanstalten. Würde man diese Anforderungen durch Schichtpläne abdecken, würden diese wegen der Vielzahl unterschiedlicher Schichten bzw. Dienste (beide Begriffe werden hier synonym verwendet) und Besonderheiten wie abgesenkter Nacht- und Wochenendbesetzungen sehr lange Schichtzyklen aufweisen, die für die Mitarbeiter unübersichtlich und schlecht planbar und für den Betrieb schwer zu administrieren sind. Darüber hinaus erlauben Monatsdienstpläne in ganz anderem Maße als Schichtpläne, Arbeitszeit- und Freizeitwünsche und -restriktionen der Mitarbeiter zu berücksichtigen, wodurch gute Disposition zu einem sehr wesentlichen Baustein der Mitarbeiterzufriedenheit wird.

Grundlage des Monatsdienstplans ist eine bedarfsgerechte Festlegung der einzelnen Dienste, die zugleich Grundlage der Ermittlung des Stellenbedarfs ist. Hierzu sind zunächst für alle Arbeitstage-Typen passende „Besetzungsgebirge" festzulegen (siehe Abb. 3.2) – z. B. für Werktage MO-FR auf der einen und

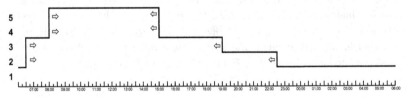

⇨ Hier muss eine Schicht beginnen (oder eine Pause enden)
⇦ Hier muss eine Schicht enden (oder eine Pause beginnen)

Abb. 3.2 „Besetzungsgebirge" (Beispiel) mit bis zu 5 gleichzeitig zu besetzenden Arbeitsplätzen

für SA/SO/Feiertage auf der anderen Seite, ggf. noch weiter differenziert nach Arbeitstagen mit starker, normaler und schwacher Auslastung, etc.; meist reichen hierfür Halbstundenschritte.

Diese Besetzungsgebirge sind dann so auf Dienste aufzuteilen, dass immer dann, wenn die gewünschte Besetzung steigt, Dienste beginnen (oder Pausen enden), und immer dann, wenn die gewünschte Besetzung abnimmt, Dienste enden (oder Pausen beginnen); erforderliche Übergabe- und Rüstzeiten sind ggf. zusätzlich zu berücksichtigen. Dabei empfiehlt es sich,

- die Zahl der unterschiedlichen Dienste zur Vereinfachung so gering wie möglich zu halten – auch zulasten letzter Passgenauigkeit;
- eine Arbeitszeitdauer pro Dienst von im gewichteten Durchschnitt 1/5 der Vertragsarbeitszeit Vollzeitbeschäftigter nicht zu unterschreiten, um auch für diese eine durchschnittliche 5-Tage-Woche gewährleisten zu können. Kürzere durchschnittliche Dienstdauern sind insbesondere dann möglich, wenn es Teilzeitbeschäftigte gibt, die vorrangig in den kürzesten Diensten eingesetzt werden;
- geteilte Dienste grundsätzlich ebenso zu vermeiden wie solche mit deutlich über das gesetzliche Mindestmaß hinausgehender Pausenzeit – außer es gibt entsprechende Wünsche der Mitarbeiter.

Beispiel Das in Abb. 3.2 vorgestellte Besetzungsgebirge gilt an allen Kalendertagen. Es kann bei Übergabezeiten von 15 min Dauer zum Beispiel durch die folgenden Dienste abgedeckt werden:

Frühdienst	2x	06:30–15:15	8,25 h Arbeitszeit, 30 min Pausenzeit
Tagdienst 1	1x	08:00–19:00	10 h Arbeitszeit, 60 min Pausenzeit
Tagdienst 2	1x	08:00–15:15	6,75 h Arbeitszeit, 30 min Pausenzeit
Spätdienst	1x	15:00–22:00	6,5 h Arbeitszeit, 30 min Pausenzeit
Nachtdienst	1x	21:45–06:45	8,5 h Arbeitszeit, 30 min Pausenzeit

Die durchschnittliche Arbeitszeitdauer pro Dienst beträgt unter Berücksichtigung der Doppelbesetzung des Frühdienstes 8,04 h, sodass bei gleichmäßiger

Verteilung der Dienste über die Mitarbeiter auch für die Vollzeitbeschäftigten die durchschnittliche 5-Tage-Woche gewährleistet ist.

Vor diesem Hintergrund kann dann auch mithilfe der in Abschn. 3.1 ausführlich vorgestellten Formel der Stellenbedarf berechnet werden:

- Der Arbeitszeitbedarf beträgt [(8,25 h × 2 + 10 h + 6,75 h + 6,5 h + 8,5 h) × 7 =] 337,75 h/w, der Netto-Personalbedarf bei 40 h/w Regelarbeitszeit [337,75 h/w : 40 h/w =] 8,44 Stellen.
- Bei einer systemintern zu vertretenden Gesamtabwesenheitsquote von 20 % – zu ihrer genauen Berechnung siehe Abschn. 3.1 – beträgt der Brutto-Personalbedarf [8,44 : (1 – 20 : 100) =] 10,55 Stellen.

Die jeweils festgelegten Dienste werden den Mitarbeitern dann im Rahmen der Monatsdienstplanung so zugewiesen, dass zugleich ihre Arbeitszeit- und Freizeitwünsche und ggf. Einsatzrestriktionen (z. B. keine Nachtschichten) weitestmöglich berücksichtigt werden. Dazu sollten dem Disponierenden die allgemeinen Präferenzen der Mitarbeiter sowie ggf. Einsatzrestriktionen bekannt sein und ihm darüber hinaus auf den konkreten Planungszeitraum gerichtete spezielle Wünsche (z. B. nach bestimmten freien Tagen oder bestimmten Arbeitszeitlagen an bestimmten Tagen) so frühzeitig mitgeteilt werden, dass sie in seine Dienstplanung einbezogen werden können. Hierfür wird am besten ein genaues Verfahren festgelegt – etwa wie folgt, wobei ich das Bestehen eines Betriebsrats vorausgesetzt habe, mit dem ein solches Verfahren dann auch zu vereinbaren wäre:

Beispiel (Fortsetzung)

- Auf einen bestimmten Monat gerichtete Arbeitszeit- und Freizeitwünsche der Mitarbeiter sind dem Disponierenden bis zum 1. des Vormonats mitzuteilen.
- Vor diesem Hintergrund sowie unter Berücksichtigung bei Erstellung des Dienstplans bereits bekannter Abwesenheiten erstellt der Disponierende dann den Dienstplan für den Folgemonat und leitet diesen dem Betriebsrat spätestens am 10. des Vormonats zu.
- Hat der Betriebsrat dem Monatsdienstplan bis zum 15. des Vormonats nicht mit Begründung widersprochen bzw. diesen nur unter Auflagen genehmigt, gilt der Dienstplan als genehmigt und wird den Mitarbeitern unverzüglich in geeigneter Form mitgeteilt. Ansonsten bessert der Disponierende den Monatsdienstplan nach Möglichkeit entsprechend nach bzw. stimmt ihn schnellstmöglich erneut

mit dem Betriebsrat ab. Gelingt dies nicht, wird ein betriebliches Begleitgremium aus jeweils 2 Vertretern von Arbeitgeber und Betriebsrat hinzugezogen. Kann auch dieses keine Einigung herbeiführen, ist die betriebsverfassungsrechtliche Einigungsstelle anzurufen.

- Nach Abschluss des Dienstplans sind nur noch einvernehmliche Änderungen möglich (z. B. Diensttausche), über die der Betriebsrat zu Beginn des Folgemonats unverzüglich informiert wird.

Auch flexible Dienstpläne müssen von Arbeitszeitkonten begleitet werden. Dabei werden die Zu- und Abflüsse am einfachsten in der folgenden Weise geregelt:

- Mit Abschluss des Dienstplans wird dem Arbeitszeitkonto des einzelnen Mitarbeiters die Differenz zwischen seiner Vertragsarbeitszeit dieses Monats und der dienstplanmäßigen Arbeitszeit gutgeschrieben bzw. belastet.
- Weitere Zu- und Abflüsse können sich vor diesem Hintergrund nur aus Abweichungen der tatsächlichen von der dienstplanmäßigen Arbeitszeit ergeben; Urlaubs- und Krankheitszeiten etc. sind im Arbeitszeitkonto neutral.

Beispiel (Fortsetzung) Die Monats-Vertragsarbeitszeit wird auf Basis einer werktäglichen Arbeitszeit MO-FR à 1/5 Wochen-Vertragsarbeitszeit ermittelt. Fallen in einen bestimmten Monat also z. B. 21 Werktage MO-FR, beträgt sie bei vertraglicher 40-h-Woche in diesem Monat 168 h.

Wird ein Vollzeitmitarbeiter in diesem Monat nun z. B. mit insgesamt 171,25 h Arbeitszeit eingeplant (ggf. einschließlich bei Dienstplanerstellung bereits bekannter Abwesenheiten wie Urlaub und Krankheit, die ihm MO-FR jeweils mit 8 h angerechnet werden), erhält er bei Abschluss des Monatsdienstplans eine Zeitgutschrift für sein Arbeitszeitkonto in Höhe von 3,25 h. Wird er umgekehrt nur mit z. B. 160,5 h Arbeitszeit eingeplant, wird sein Arbeitszeitkonto bei Abschluss des Monatsdienstplans mit 7,5 h belastet; etc.

Arbeitet er nun im laufenden Dienstplan, eine entsprechende Option vorausgesetzt, eigenverantwortlich (also nicht in Form angeordneter Mehrarbeit – hierfür können eventuell andere Regelungen gelten) über die dienstplanmäßige Arbeitszeit hinaus, erhält er hierfür eine entsprechende Arbeitszeitkonto-Gutschrift. Geht er in Abstimmung mit seiner Führungskraft an einem dienstplanmäßigen Arbeitstag vorzeitig nach Hause, wird die dadurch fehlende Arbeitszeit seinem Arbeitszeitkonto belastet. Arbeitet er an einem dienstplanmäßig freien Tag, führt dies zu einer entsprechenden Gutschrift auf seinem Arbeitszeitkonto.

Erkrankt der Mitarbeiter im laufenden Dienstplan, wird er arbeitszeitlich so gestellt „wie gearbeitet worden wäre" (Ausfallprinzip), sodass sich der Saldo seines

Arbeitszeitkontos dadurch nicht bewegt. Soll dies auch für im laufenden Dienstplan gewährte Urlaubstage gelten, muss ein Urlaubsstundenkonto geführt werden (siehe Abschn. 4.3). Alternativ kann in solchen Fällen aber auch einfach der betreffende Dienst bzw. können die betreffenden Dienste aus dem Monatsdienstplan herausgenommen werden, was zu einer entsprechenden Belastung des Arbeitszeitkontos führt. Zum Ausgleich können dann bei Bedarf an Werktagen MO–FR Urlaubstage in den laufenden Monatsdienstplan eingefügt werden, was zu einer Gutschrift von $n \times 8$ h auf dem Arbeitszeitkonto führt.

3.3 Einsatzplanung

Einsatzplanung ist dann das Mittel der Wahl, wenn Besetzungsanforderungen so komplex sind und zugleich so stark schwanken (insbesondere auch kurzfristig), dass weder Schichtsysteme noch Monatsdienstpläne eingesetzt werden können. Man findet sie daher z. B. in Call Centern und im Einzelhandel.

Bei Einsatzplanung ist der Planungszeitraum typischerweise deutlich kürzer als bei der Monatsdienstplanung. Meist werden Kalender- oder Betriebswochen im Laufe der Vorwoche beplant, eventuell verbunden mit einer unverbindlichen Vorschau „nach bestem Wissen und Gewissen" auf die folgenden z. B. 2–3 Wochen.

Bei der Einsatzplanung gibt es im Unterschied zu Schicht- und Dienstplan grundsätzlich keine festen Einsatzzeiten, sodass hier eine Ermittlung des Stellenbedarfs auf dieser Grundlage nicht möglich ist. Vielmehr werden je nach Bedarfssituation immer wieder neue „Besetzungsgebirge" generiert (ggf. automatisch auf der Basis von Prognosen), die dann jeweils (ggf. automatisch) in Einsatzzeiten aufgeteilt werden, die den Mitarbeitern im Rahmen z. B. der Planung für die folgende Kalenderwoche zugewiesen werden – alles analog zur Monatsdienstplanung (siehe Abschn. 3.2). Allerdings ermöglicht die Einsatzplanung prinzipiell eine noch weitergehende Berücksichtigung von Mitarbeiterwünschen und Einsatzrestriktionen, weil hierin ja sogar die Einsatzzeiten selbst diesen Gegebenheiten angepasst werden können.

Beispiel Den einzelnen Mitarbeitern wird hinsichtlich der betrieblich erforderlichen Wochenendeinsätze angeboten, *entweder* relativ häufig in normal langen Einsatzzeiten zu arbeiten *oder* spürbar seltener in langen, eventuell sogar geteilten Einsatzzeiten. Die entsprechenden Präferenzen werden in der Einsatzplanung weitestmöglich berücksichtigt.

Hinsichtlich der Verknüpfung von Einsatzplanung und Arbeitszeitkonto kann ebenfalls vollumfänglich auf Abschn. 3.2 verwiesen werden – nur dass statt des Monats o. ä. hier die Woche Basis ist.

3.4 Kombinationen

Auf das Kalenderjahr ausgerollte Schichtpläne, aber auch Monatsdienstpläne haben einen so langen zeitlichen Vorlauf, dass nur ein Teil der Anpassungsbedarfe vorhergesehen werden kann. Dies gilt natürlich in ganz besonderem Maße dann, wenn zumindest ein Teil der Abwesenheiten der Mitarbeiter systemintern aufgefangen werden muss oder soll.

Aus diesem Grund werden insbesondere Schichtpläne, aber auch Monatsdienstpläne zunehmend kurzfristig überplant, während auf der anderen Seite Einsatzplanung wie Monatsdienstplanung zu deren Erleichterung sowie zwecks besserer langfristiger Planbarkeit für die Mitarbeiter zunehmend mit durchlaufenden Rhythmen (z. B. hinsichtlich der freien Tage und Wochenenden) unterlegt werden. Im Ergebnis kommt es dadurch zunehmend zu Kombinationen aus Schicht-, Dienst- und Einsatzplanung, mit denen sich dieses Unterkapitel beschäftigt und in denen jahres- und wochenbezogene Elemente besonders wichtig sind.

Jahresbezogen sollten zunächst ggf. Betriebsschließungen und sonstige Sondersituationen (z. B. Revisionen) eingeplant werden – eventuell mit Festschreibung von Urlaubstagen oder des Arbeitens zu anderen als den planmäßigen Zeiten (z. B. Tag- statt Schichtdienst).

Vor diesem Hintergrund sowie unter Berücksichtigung sonstiger dann schon feststehender Mitarbeiter-Abwesenheiten (Fortbildungen, Langzeiterkrankungen, Sabbaticals) sollten anschließend die Erholungsurlaube zu großen Teilen (z. B. zu 75–80 %) so verplant werden, dass personelle Engpässe absehbar vermieden werden können. Dabei kann es hilfreich sein, die jeweils disponierten Gruppen von Mitarbeitern (also z. B. die Schichtteams) so zusammenzusetzen, dass unterschiedliche Urlaubspräferenzen gegeben sind (z. B. gleichmäßige Verteilung der Mitarbeiter mit schulpflichtigen Kindern). Darüber hinaus sollten während der von den Mitarbeitern gewünschten Haupturlaubszeiten sonstige planbare Mitarbeiterabwesenheiten grundsätzlich ausgeschlossen sein. Und schließlich kann auch der befristete Einsatz von Ferienhelfern o. ä. z. B. während der Haupturlaubszeit im Sommer nützlich sein, der dann natürlich in der Personalbemessung entsprechend zu berücksichtigen ist.

Diese Jahresplanung kann dann – wie dies in der Monatsdienstplanung per se passiert – auch in Schichtsystemen und in der Einsatzplanung regelmäßig (z. B. *monatlich*) überprüft und aktualisiert werden – insbesondere hinsichtlich der Resturlaube. Das Hauptgewicht sollte aber stets auf der rollierenden (z. B. *wöchent-lichen*) Kurzfristplanung (wie per se in der Einsatzplanung) liegen, in deren Rahmen in Schichtsystemen und Monatsdienstplänen der Einsatz der Mitarbeiter entsprechend den dann vorliegenden Informationen hinsichtlich Besetzungsbedarf und Personalverfügbarkeit sowie unter weitestmöglicher Berücksichtigung der Mitarbeiterbelange endgültig fixiert wird.

Damit diese Anpassungen jedenfalls die Grundstruktur von Schicht- bzw. Monatsdienstplan bzw., soweit hierin durchlaufende Rhythmen vorgesehen sind, Einsatzplanung unberührt lassen, empfiehlt es sich, hierin jeweils passende Flexibilitätselemente vorzusehen. Dadurch können diese Elemente gleichmäßig auf alle Mitarbeiter verteilt und somit deren Belastung durch (insbesondere kurzfristige) Flexibilitätsanforderungen verringert werden. Hier einige Beispiele für derartige Elemente:

- als absagbar oder ansagbar und/oder als verkürzbar und/oder verlängerbar gekennzeichnete Schichten bzw. Dienste (diese werden im Schicht- bzw. Dienstplan z. B. mit einem * gekennzeichnet). Damit kann der Disponierende Besetzungsstärke und Betriebszeit unter Berücksichtigung der zu diesem Zeitpunkt feststehenden Mitarbeiterabwesenheiten an den jeweiligen Besetzungsbedarf anpassen;
- „Dispo-Schichten bzw. -Dienste" (wie die Vertretungsschichten in Abschn. 3.2) ohne konkrete Arbeitszeitlage, die erst im Rahmen der Kurzfristplanung (um Umplanungen zu vermeiden) bedarfsgerecht zu Früh-, Spät-, Nacht-, Tag- oder Freischichten werden;
- „Container-Schichten/-Dienste/-Einsatzzeiten", deren Lage innerhalb festgelegter Zeitspannen (z. B. zwischen 06:00 und 18:00) verschoben werden kann – eventuell auch bei gleichzeitiger Anpassung ihrer Dauer.

Der Einsatz solcher Instrumente sollte stets unter Berücksichtigung hierauf gerichteter Mitarbeiterwünsche und der aktuellen Arbeitszeitkonto-Salden (siehe Abschn. 4.3) erfolgen. Vielfach können Freischichten und -stunden zum Abbau absehbarer Überbesetzungen auch einfach Gruppen von Mitarbeitern zur internen Verteilung (unter Beachtung der aktuellen Arbeitszeitkonto-Salden) angeboten werden. Finden sich dann nicht ausreichend viele Freiwillige, haben automatisch (soweit von der Qualifikation her möglich) die Mitarbeiter mit den aktuell höchsten Salden frei.

Auch nach Abschluss der Kurzfrist- bzw. Wochen-Einsatzplanung kann es noch zu Änderungen von Besetzungsbedarf und Personalverfügbarkeit kommen – insbesondere durch Krankmeldungen. Hierfür könnten die oben angeführten Flexibilitätselemente ebenfalls eingesetzt werden, was jedoch angesichts der hiermit verbundenen Beeinträchtigung der Planbarkeit der Arbeitszeiten für die Mitarbeiter vermieden werden sollte: Schließlich ist diese Planbarkeit für sie einer der wenigen Vorteile der disponierten gegenüber der eigenverantwortlich gesteuerten Arbeitszeit.

Vor diesem Hintergrund sollte mit kurzfristigen Änderungs-Bedarfen weitestmöglich wie folgt umgegangen werden:

- grundsätzlich kein Ersatz kurzfristigen Personalausfalls aus dem Frei und keine solche Nachbesetzung bei kurzfristigem Zusatzbedarf – wobei jedoch zugleich festgelegt werden sollte, wie in solchen Fällen das Arbeitsvolumen reduziert und/oder aus welchen Funktionen heraus ggf. (zeitweise) ausgeholfen wird. Darüber hinaus sollte stets geprüft werden, ob nicht auch – sozial in der Regel weniger problematische – Verlängerungen und/oder Verlagerungen planmäßiger Schichten/Dienste/Einsatzzeiten helfen können;
- nur wenn es gar nicht anders geht, Anruf von Mitarbeitern im Frei, die dem jedoch vorher (!) zugestimmt haben sollten und auch dann nicht zur Arbeitsleistung verpflichtet sind (damit wird der nötige Abstand zu Rufbereitschaft gewahrt). Durch solche Einsätze darf es jedoch nicht zu ruhezeitbedingten Folgeänderungen des Schicht- bzw. Dienst- bzw. Einsatzplans kommen;
- bei kurzfristigem Arbeitsausfall Angebot an die Mitarbeiter, frei zu nehmen; ansonsten werden sie anderweitig beschäftigt. Von Anreizen für die Mitarbeiter derart, dass ihr Arbeitszeitkonto in solchen Fällen z. B. nur mit der Hälfte der ausfallenden Arbeitszeit belastet wird, rate ich unbedingt ab, weil sie das für ein reibungsloses Funktionieren flexibler Arbeitszeitsysteme erforderliche „Geben und Nehmen" gefährden.

Grundtyp-übergreifend eingesetzte Regelungselemente

4

In diesem Kapitel stelle ich die aus meiner Sicht wichtigsten Regelungselemente vor, die übergreifend sowohl in eigenverantwortlich gesteuerten als auch in disponierten flexiblen Arbeitszeitsystemen erforderlich sind oder zumindest eingesetzt werden können:

- Zeiterfassung (Abschn. 4.1) ist in sehr verschiedenen Formen möglich; sie wird grundsätzlich in allen flexiblen Arbeitszeitsystemen benötigt.
- Arbeitszeitkonten (Abschn. 4.2) sind wesentlicher Bestandteil aller flexiblen Arbeitszeitsysteme mit Ausnahme von Flexibler Standardarbeitszeit, Vertrauensarbeitszeit und Arbeitszeitfreiheit.
- Ein Urlaubsstundenkonto (Abschn. 4.3) ist immer dann erforderlich oder zumindest sinnvoll, wenn mit unterschiedlich langen Tages-Vertragsarbeitszeiten gearbeitet wird.
- Wertguthaben (auch Langzeit-, Lebensarbeitszeit- oder Zeitwertkonten genannt – Abschn. 4.4) schließlich werden vielfach als sinnvolle Ergänzung betrieblicher Arbeitszeitsysteme aller Art angesehen.

4.1   Zeiterfassung

Arbeitszeitkonten setzen irgendeine Form von Zeiterfassung voraus, und auch für die Arbeitszeitsysteme ohne Arbeitszeitkonto gilt gemäß § 16 Abs. 2 Arbeitszeitgesetz (ArbZG), dass „der Arbeitgeber … verpflichtet (ist), die über die werktägliche Arbeitszeit des § 3 Satz 1 hinausgehende Arbeitszeit der Arbeitnehmer [8 h; AH] aufzuzeichnen … Die Nachweise sind mindestens zwei Jahre aufzubewahren". Damit sind jedenfalls flexible Arbeitszeitsysteme ohne Zeiterfassung grundsätzlich nicht vorstellbar.

© Springer Fachmedien Wiesbaden GmbH, ein Teil von Springer Nature 2021   35
A. Hoff, *Gestaltung betrieblicher Arbeitszeitsysteme*, essentials,
https://doi.org/10.1007/978-3-658-33751-3_4

Sollen Arbeitszeitkonten geführt werden, stehen hierfür prinzipiell die folgenden vier Zeiterfassungsverfahren zur Verfügung:

- Die *technische* (heute meist elektronische) *Zeiterfassung* mittels Stempeluhren bzw. Buchungsterminals. Hiermit werden jedoch zum einen nur Anwesenheitszeiten erfasst, was in Gleitzeit und Flexiblem Tagdienst angesichts der zunehmenden Durchmischung von Arbeitszeit und Privatzeit am Arbeitsplatz (Social Media, Internet, Telefon) oft zu überhöhten Arbeitszeit-Nachweisen führt (im Übrigen auch schon aufgrund von Wegezeiten zwischen Terminal und Arbeitsplatz). Darüber hinaus werden dabei häufig die Pausenzeiten nicht gebucht, sondern nach betrieblich festgelegten Regeln pauschal abgezogen, was zum einen die Ungenauigkeit dieser Form der Zeiterfassung unterstreicht und zum anderen sowohl zu überhöhten als auch zu zu niedrigen Arbeitszeit-Nachweisen führen kann – und damit auch zu Verstößen gegen die gesetzliche Aufzeichnungspflicht. Wird den Mitarbeitern in Gleitzeit oder im Flexiblen Tagdienst auch mobiles Arbeiten ermöglicht (also außerhalb des betrieblichen Arbeitsplatzes), macht diese Form der Zeiterfassung hier gar keinen Sinn mehr. Ebenso zweifelhaft ist ihr Wert im Rahmen von disponierten Arbeitszeitsystemen, in denen sie lediglich die Funktion hat (weil die Arbeitszeitlage hier ja stets vorgegeben ist) zu prüfen, ob die Mitarbeiter die vorgegebenen Zeiten eingehalten haben. Dies setzt jedoch voraus, dass das Zeiterfassungssystem diese Zeiten kennt, was gerade bei Monatsdienstplänen und Einsatzplänen erheblichen Pflegeaufwand nach sich ziehen kann. Darüber hinaus werden bei vorgegebenen Schicht-, Dienst- bzw. Einsatzzeiten davor und danach gebuchte Zeiten in aller Regel nicht automatisch als Arbeitszeit anerkannt, sondern setzen deren Freigabe durch die Führungskraft voraus. Auch aus diesem Grund sollte bei disponierter Arbeitszeit die so genannte Negativerfassung vorgezogen werden – siehe den drittnächsten Punkt.
- Als Alternative hierzu bietet sich in Gleitzeit und Flexiblem Tagdienst die so genannte *indirekte Arbeitszeit-Selbsterfassung* an, bei der die Mitarbeiter in den PC (oder in ihr Smartphone) Beginn und Ende ihrer Tages-Arbeitszeit sowie (eventuell nur als Summe am Ende des Arbeitstages) alle Pausen und sonstigen Arbeitsunterbrechungen (die dazu fortlaufend erfasst werden müssen) eingeben. Hiermit kann – auf Vertrauensbasis; aber dies ist in Gleitzeit und Flexiblem Tagdienst bei technischer Zeiterfassung letztlich auch nicht anders – die Arbeitszeit genau und auch unabhängig vom jeweiligen Arbeitsort erfasst werden. Dies gilt gleichermaßen für die nachfolgend vorgestellten Formen der Arbeitszeiterfassung.

- Noch stärker vertrauensbasiert (und weniger gut zu kontrollieren) ist die sogenannte *direkte Arbeitszeit-Selbsterfassung,* bei der die Mitarbeiter nicht mehr
Beginn und Ende der Arbeitszeit sowie ihre Pausen und Arbeitsunterbrechungen aufzeichnen, sondern nur die jeweils geleistete Tages-Arbeitszeit. Dieses
Verfahren bietet sich insbesondere in Bereichen an, in denen der Arbeits-
zeitverbrauch zu Abrechnungs- oder Controllingzwecken zumindest teilweise
verwendungsbezogen erfasst werden muss.

- Für alle Arbeitszeitsysteme mit Arbeitszeitkonto geeignet ist die sogenannte
Negativerfassung, bei der lediglich die Abweichungen von der jeweiligen Tages-Vertragsarbeitszeit bzw. planmäßigen Tages-Arbeitszeitdauer erfasst
werden. In Gleitzeit und Flexiblem Tagdienst setzt dies zunächst direkte
Arbeitszeit-Selbsterfassung voraus, hat für die Mitarbeiter dieser gegenüber
jedoch den Vorteil, dass sie an Arbeitstagen, an denen sie die Tages-
Vertragsarbeitszeit einhalten oder ihnen diese angerechnet wird (insbesondere
also an Urlaubs- und Krankheitstagen), nichts eintragen müssen. Auf diese
Weise kann z. B. sehr einfach ein händisches Arbeitszeitkonto mithilfe eines
DIN-A4-Jahreskalenders geführt werden.
Bei vorgegebenen Schicht-, Dienst- und Einsatzzeiten hat die Negativerfassung
der Arbeitszeiten den Vorteil, dass statt sämtlicher Beginn- und Endzeiten (wie
bei der technischen Zeiterfassung) nur die Abweichungen hiervon erfasst werden müssen, die ja in der Regel soundso von der Führungskraft freizugeben
sind. Damit wird zugleich die Verbindlichkeit der planmäßigen Zeiten gestärkt.

Bei den Arbeitszeitsystemen ohne Arbeitszeitkonto geht es demgegenüber vor
allem darum, jeweils im Einzelfall eine für die Mitarbeiter unaufwendige und
damit akzeptable Form der Zeiterfassung zu finden, die dem Wortlaut, zumindest
aber dem Regelungszweck von § 16 Abs. 2 ArbZG gerecht wird. Dabei sollten
insbesondere diese Optionen geprüft werden:

- Nutzung einer vorhandenen Zeiterfassungs- oder Zugangskontrollanlage zur
Erfassung der Anwesenheitszeit – verbunden mit einer automatischen Meldung
an die Führungskraft möglichst gleich am folgenden Arbeitstag, wenn ein Mitarbeiter mehr als 11 h anwesend gewesen ist, also bei angenommen 45 min
gesetzlicher Pausenzeit und 15 min Nebenzeiten (z. B. für die Wege zum und
vom Arbeitsplatz) mutmaßlich mehr als 10 h Arbeitszeit geleistet hat. Dies hat
die Führungskraft dann aufzuklären und eine Aktennotiz hierzu (für den Fall
einer behördlichen Prüfung) anzulegen. Hat es tatsächlich eine Überschreitung
der gesetzlichen Tages-Höchstarbeitszeit gegeben (und der Mitarbeiter nicht
z. B. einfach nur Privatzeiten eingestreut), ist diese ggf. vor dem Hintergrund

von § 14 ArbZG (siehe im Einzelnen dort) als „außergewöhnlicher Fall" zu begründen und anderenfalls für die Zukunft (bei Bedarf disziplinarisch) zu unterbinden. Dieses besonders einfache Verfahren bietet sich insbesondere dann an, wenn zum einen eine entsprechende technische Infrastruktur bereits vorhanden ist und zum anderen das mobile Arbeiten (außerhalb des betrieblichen Arbeitsplatzes) in höchstens rudimentärer Form vorkommt.

- Selbsterfassung von Überschreitungen einer Tages-Arbeitszeitdauer von 8 h an Werktagen MO-SA sowie jeglicher an SO und Feiertagen geleisteter Arbeitszeit – genau entsprechend dem gesetzlichen Wortlaut – mittels händischem oder PC-Formular. Dies dürfte derzeit bei Vertrauensarbeitszeit und Arbeitszeitfreiheit das nach dem – nicht rechtskonformen, gleichwohl aber weit überwiegend praktizierten – Verzicht auf jegliche Zeiterfassung verbreitetste Verfahren sein. Es läuft in der betrieblichen Praxis jedoch deshalb weitgehend leer, weil es von den in aller Regel arbeitstäglich mehr als 8 h Arbeitszeit leistenden Mitarbeitern nicht angenommen und von den Führungskräften nicht, wie dies jedoch rechtlich geboten ist, kontrolliert wird.

- Vereinfachte Selbsterfassung von Überschreitungen einer Tages-Arbeitszeitdauer von 9 h 36 min (9,6 h = 1/5 der gesetzlichen Höchstarbeitszeit von durchschnittlich, weil der SA als Werktag mitrechnet, [6 × 8 =] 48 h/w) – z. B. händisch mit dem in Abb. 4.1 vorgestellten Formular.

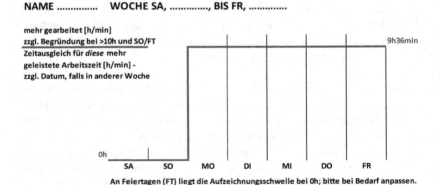

Abb. 4.1 Formular zur händischen Erfüllung der vereinfachten gesetzlichen Arbeitszeit-Aufzeichnungsvorschrift

Dieses Formular ist zum einen nur für 7-Tage-Zeiträume SA-FR zu führen, in denen der Mitarbeiter die „rote Linie" überschritten hat – also entweder an SA und SO (sowie ggf. an Wochenfeiertagen MO-FR) gearbeitet hat oder an Werktagen MO-FR über 9 h 36 min hinaus. Gleichzeitig ist ggf. eine Begründung für Überschreitungen von 10 h Tages-Arbeitszeit sowie für SO- und Feiertagsarbeit zu geben und der Ausgleich der Überschreitungen durch Unterschreitungen mindestens gleichen Umfangs möglichst im selben 7-Tage-Zeitraum zu dokumentieren. Ist dieser Ausgleich nur in einem anderen 7-Tage-Zeitraum möglich, ist auch für diesen dieses Formular zu führen mit Verweis auf die Überschreitung, die durch die hier dokumentierte/n Unterschreitung/en ausgeglichen wird. Solange die rote Linie jedoch – wie hinsichtlich der Arbeit an SO und Feiertagen ohnehin grundsätzlich gesetzlich vorgeschrieben – beachtet wird, muss kein 7-Tage-Formular geführt werden. Dieses Verfahren entspricht zwar nicht dem Gesetzeswortlaut, wird jedoch dem Schutzzweck des Arbeitszeitgesetzes wesentlich besser gerecht als das unmittelbar davor vorgestellte Verfahren. Denn hiermit wird die Einhaltung der gesetzlichen Höchstarbeitszeit von 10 h pro Tag und – sogar über die gesetzliche Vorschrift hinausgehend – einer Höchstarbeitszeit von 48 h pro 7-Tage-Zeitraum in den Mittelpunkt gestellt und mit einem gewissen Anreiz für die Mitarbeiter (Vermeidung von Erfassungsaufwand) verbunden.

- Bei der Flexiblen Standardarbeitszeit schließlich kann man argumentieren, dass dieser zum einen eine gegenüber der gesetzlichen Höchstarbeitszeit in aller Regel deutlich reduzierte Vertragsarbeitszeit zugrunde liegt und hierin zum anderen Überschreitungen zeitnah ausgeglichen werden – was, ebenfalls entgegen dem Gesetzeswortlaut, den vollständigen Verzicht auf Zeiterfassung ermöglichen sollte.

4.2 Arbeitszeitkonto

In den flexiblen Arbeitszeitsystemen mit Arbeitszeitkonto dient das Letztere zunächst „nur" dazu, Abweichungen von der Vertragsarbeitszeit festzuhalten. Wird dies aber tatsächlich so eingeschränkt praktiziert, kommt es in der Regel zu sehr stark streuenden individuellen Arbeitszeitkonto-Salden, die den produktiven Einsatz der Arbeitszeit eher behindern als unterstützen: etwa weil bei Auslastungsproblemen relevante Guthaben vor allem bei Mitarbeitern vorliegen, die gerade dann unverzichtbar sind.

Daher empfiehlt es sich, Arbeitszeitkonten zielbezogen zu steuern – wobei diese drei, teils miteinander kombinierbaren Ziele infrage kommen:

- Einhaltung der Vertragsarbeitszeiten,
- gleichmäßige Inanspruchnahme der Mitarbeiter und
- Aufbau eines „Puffers" für Beschäftigungseinbrüche, der ggf. vor Eintritt in die Kurzarbeit und Stellenabbau aufgebraucht wird. Ein solcher Puffer kann auch auf einem separaten Arbeitszeitkonto aufgebaut werden, was ich jedoch hier vereinfachend vernachlässige.

In der Gleitzeit und im Flexiblem Tagdienst steht in der Regel die Einhaltung der Vertragsarbeitszeiten im Vordergrund, weil hier meist (unvermeidbar) unscharfe Aufgabenzuweisungen verbunden mit praktisch kaum möglicher Produktivitäts-kontrolle und dem Anreiz zum Aufbau von Guthaben im Arbeitszeitkonto (für künftige Gleittage, zur Demonstration der eigenen Bedeutung, etc.) den Arbeitszeit-Verbrauch treiben. In den herkömmlichen Gleitzeitkonten wird dem mit engen Übertragungskorridoren auf den Folgemonat begegnet – z. B. von maximal ± 10 h –, wobei überschießende Zeitguthaben gekappt werden und über-schießende Zeitschulden zu einem entsprechenden Entgeltabzug führen. Daraus resultiert jedoch zum einen, dass sich viele Mitarbeiter statt an ihren Arbeitsauf-gaben an der Erfüllung ihrer Vertragsarbeitszeit orientieren, sodass die wichtigste Funktion des Arbeitszeitkontos, bedarfsgerecht flexibles Arbeiten zu fördern, nur entsprechend eingeschränkt zur Geltung kommen kann. Zum anderen werden durch solche Regelungen oft genug diejenigen Mitarbeiter bestraft, die ihre Ver-tragsarbeitszeit bedarfsgerecht verteilen – also z. B. bei fehlendem Arbeits-Bedarf nach Hause gehen und nicht, um eine Guthaben-Kappung zu vermeiden, am 31. eines Monats freinehmen, obgleich dies wegen anstehender Monatsendarbeiten „eigentlich" nicht geht.

Zunehmend wird dem Grundproblem jeder Arbeitszeitkonto-Führung bei eigenverantwortlich gesteuerter Arbeitszeit, dem Anreiz zu unnötigem Arbeitszeit-Verbrauch, daher z. B. mit relativ knapp geschnittenen so genann-ten „Ampelkonten" entgegengewirkt, in denen der Rückführungsdruck mit zunehmender Entfernung von der Nulllinie zunimmt – siehe das folgende Beispiel.

Beispiel Die „Grünphase" des nach dem Ampelprinzip gesteuerten Arbeitszeit-kontos reicht bis zu einem Saldo von $\pm 0{,}5 \times$ Wochen-Vertragsarbeitszeit – bei 40-h-Woche also z. B. bis ± 20 h. Dies ist der Zielbereich dieses Kontos, sodass der Mitarbeiter seine Arbeitszeit hierin flexibel einsetzen kann. Die Führungskraft ach-tet zwar auf die gleichmäßige Auslastung ihrer Mitarbeiter, greift aber grundsätzlich nicht steuernd ein.

Hieran schließen sich „Gelbphasen" an, die sich bis zu Salden von $+1\times$ bzw. $-1\times$ Wochen-Vertragsarbeitszeit erstrecken. Erreicht ein Saldo die Plus-Gelbphase, darf der betreffende Mitarbeiter ohne vorherige Zustimmung seiner Führungskraft nicht über seine Tages-Vertragsarbeitszeit (von z. B. 8 h) hinaus arbeiten. Erreicht ein Saldo die Minus-Gelbphase, darf der betreffende Mitarbeiter ohne vorherige Zustimmung seiner Führungskraft nicht weniger als in unserem Beispiel 8 h pro Tag arbeiten. Gleichzeitig darf die Führungskraft dem weiteren Aufbau von Arbeitszeit-Guthaben bzw. -Schulden nur dann zustimmen, wenn nach ihrer Einschätzung eine zeitnahe Rückkehr in die Grünphase gewährleistet ist, und schließt mit dem Mitarbeiter eine diesbezügliche Vereinbarung (in Textform). Anderenfalls müssen alternative Maßnahmen ergriffen werden. – Diese einfachen Regeln bewirken erstens, dass es für Mitarbeiter wie Führungskraft (!) am besten ist, wenn der Mitarbeiter innerhalb der Grünphase seines Arbeitszeitkontos arbeitet. Zweitens wird dadurch der weitere Aufbau von Arbeitszeit-Guthaben bzw. -Schulden gebremst. Und drittens schließlich wird die Führungskraft dafür in die Verantwortung genommen, dass nicht versucht wird, mit den Arbeitszeitkonten Kapazitätsprobleme zu bewältigen.

An die Gelbphasen schließen sich bis $+1,5\times$ bzw. $-1,5\times$ Wochen-Vertragsarbeitszeit reichende „Rotphasen" an, deren Überschreitung untersagt ist (also insbesondere keine Kappung und keine Auszahlung von bzw. kein Entgeltabzug bei überschießenden Salden). Erreicht der Saldo eines Arbeitszeitkontos eine dieser Phasen, informiert die Führungskraft hierüber unverzüglich z. B. Personalleitung und Betriebsrat, ein paritätisch besetztes Begleitgremium und/oder die nächsthöhere Führungskraft, und zwar unter Vorlage der bei Eintritt in die Gelbphase zur Rückführung des Saldos mit dem Mitarbeiter getroffenen Vereinbarung. Diese können dann bei Bedarf weitergehende Maßnahmen ergreifen – etwa die vorübergehende Anhebung der Plus-Saldengrenze, um einem Mitarbeiter z. B. die Fertigstellung eines Projekts zu ermöglichen. Auszahlungen aufgelaufener Zeitguthaben sollten dabei jedoch nicht infrage kommen, weil sie den produktivitätsförderlichen Ausgleichsdruck im Arbeitszeitkonto deutlich reduzieren, während dem die Vergütung künftig zu leistender Mehrarbeit nicht entgegensteht.

In diesem Beispiel sind die Ampelphasen „klassisch" (wie bei den ersten, Anfang der 1990er Jahre eingeführten Ampelkonten) symmetrisch um die Nulllinie angeordnet: Zielwert dieses Arbeitszeitkontos ist schließlich 0 h, also die Einhaltung der Vertragsarbeitszeit. Angesichts der Hemmungen vieler Mitarbeiter, auch einmal den Minusbereich ihres Arbeitszeitkontos zu nutzen (auch aus Angst, dann gegenüber der Führungskraft eine schwache Position zu haben), führt dies jedoch oft dazu, dass die durch dieses Konto ermöglichte Flexibilität von in unserem Beispiel bei vollständiger Ausschöpfung des Kontenrahmens immerhin $3\times$

Wochen-Vertragsarbeitszeit deutlich reduziert wird. Dem kann einfach z. B. dadurch begegnet werden, dass das Ampelkonto ins Plus verschoben wird – z. B. um 0,5× Wochen-Vertragsarbeitszeit, womit die Grünphase dann von 0 h bis + 1× Wochenvertragsarbeitszeit reicht, etc. Damit wird jedoch zugleich der Zielwert des Arbeitszeitkontos (dieser liegt in der Mitte der Grünphase) entsprechend auf +0,5× Wochen-Vertragsarbeitszeit verschoben, was einem den Mitarbeitern und eventuell auch einmal betrieblich willkommenen kleinen Arbeitszeit-Puffer für Unvorhergesehenes entspricht. Dies macht jedoch nur dann Sinn, wenn es keinen Ausgleichszeitraum für die genaue Einhaltung der Vertragsarbeitszeit (z. B., wie in Tarifverträgen häufig geregelt, innerhalb von 12 Monaten) gibt oder man sich im Betrieb darauf verständigt, diesen nicht bzw. nicht sklavisch zu beachten.

Ein weiterer, in der Praxis sehr bewährter Arbeitszeitkonto-Typus bei eigenverantwortlich gesteuerter Arbeitszeit ist das sogenannte „Sofortverfallkonto", bei dem über die Saldengrenzwerte (von z. B. ±1× Wochen-Vertragsarbeitszeit – Zielwert ist hier also 0 h) hinaus entstehende Salden *sofort* (also im Zeitpunkt ihres Entstehens und nicht, wie bei den herkömmlichen Gleitzeitkonten, erst am Monatsende) gekappt werden: im Plusbereich zulasten des Mitarbeiters, im Minusbereich zulasten des Betriebs. Damit haben die meisten Mitarbeiter – nämlich alle, denen der Verfall geleisteter Arbeitszeit nicht egal ist – einen starken Anreiz, Annäherungen an die Plus-Saldengrenze zu vermeiden, während die Führungskraft den Verfall von Arbeitszeit-Schulden höchstens in Schwachlastphasen zulassen darf und zudem auch nur dann, wenn absehbar ist, dass es anschließend wieder zügig aufwärts geht.

Die bisher vorgestellten Arbeitszeitkonten passen bei grundsätzlich halbwegs gleichmäßiger Auslastung der Mitarbeiter. Sind dagegen z. B. saisonale Schwankungen zu bewältigen, müssen sie entsprechend angepasst werden:

- Entweder wird die Vertragsarbeitszeit kalenderjahresbezogen entsprechend ungleichmäßig grundverteilt, sodass sie z. B. – weiterhin 40 h/w angenommen – im Winterhalbjahr MO-FR 9 h und im Sommerhalbjahr MO-FR 7 h beträgt. Damit wird automatisch Kapazität vom Sommer- in das Winterhalbjahr verschoben. – Hierfür ist ein Urlaubsstundenkonto erforderlich – siehe das folgende Unterkapitel –, das hier den sehr willkommenen Nebeneffekt hat, dass es für die Mitarbeiter besonders attraktiv ist, ihren Urlaub außerhalb der betrieblichen Hauptsaison zu legen. Und es gibt eine weitere Komplikation:

Wenn ein Mitarbeiter vor Ende des jeweiligen Ausgleichszeitraums ausscheidet, muss ihm ggf. über seine Vertragsarbeitszeit hinaus geleistete Arbeitszeit vergütet werden.

- Alternativ könnte aber auch bei unveränderter Tages-Vertragsarbeitszeit MO-FR 8 h mit im Laufe des Jahres bedarfsgerecht festgelegten Arbeitszeitkonto-Zielwerten gearbeitet werden. In unserem Sommer-/Winterhalbjahr-Beispiel betrügen diese, wenn der Zielsaldo z. B. am 01.07. und am 01.01. 0 h wäre, am 01.10. –50 h und am 01.04. +50 h – jeweils z. B. mit den obigen Ampelphasen oder Saldengrenzen versehen und zwischendurch interpoliert.

Das letztgenannte, relativ komplizierte Verfahren bietet sich allerdings weniger bei absehbaren Schwankungen an (dann ist die erstgenannte Ungleichverteilung der Vertragsarbeitszeit einfacher) als dann, wenn längerfristige und weniger gut kalkulierbare Schwankungen bewältigt werden müssen – etwa im Rahmen eines Produktzyklus'. In einem solchen Fall werden die anzustrebenden Zielwerte immer wieder neu festgelegt, was einen entsprechend großzügig dimensionierten Kontenrahmen erfordert. Gleiches gilt auch, wenn ein Arbeitszeit-Puffer für Unvorhersehbares aufgebaut und vorgehalten werden soll.

Doch nun zu den Arbeitszeitkonten in den disponierten flexiblen Arbeitszeitsystemen. Hier steht ggf. weniger das Ziel der Einhaltung der Vertragsarbeitszeit als das der gleichmäßigen Inanspruchnahme der Mitarbeiter im Vordergrund – eventuell verbunden mit demjenigen des Aufbaus eines größeren Arbeitszeit-Puffers, weil Beschäftigungseinbrüche in vielen dieser Bereiche wesentlich stärker durchschlagen als in den Bereichen mit eigenverantwortlich gesteuerter Arbeitszeit. Guthaben-Kappungen sind hier wegen der arbeitgeberseitigen Disposition ebenso völlig ausgeschlossen wie Entgeltabzüge zum Ausgleich von Minussalden. Damit wird das Arbeitszeitkonto zu einem unverzichtbaren Hilfsmittel der Arbeitszeiten-Disposition.

Beispiel In einem Produktionsbetrieb kommen zwei Schichtsysteme zum Einsatz:

- ein vollkontinuierliches System für 5 Teams mit Disposchichten (siehe hierzu Abschn. 3.1) und
- ein teilkontinuierliches 5-Tage-System mit wöchentlichem Schichtlagenwechsel für 3 Teams mit der Möglichkeit, die SA-Schichten zusätzlich anzusagen.

Diese Schichtsysteme werden von einem auf ±3× Wochen-Vertragsarbeitszeit begrenzten Ampelkonto begleitet, in dem die folgenden Regeln gelten:

Die Grünphase reicht bis $\pm 1 \times$ Wochen-Vertragsarbeitszeit. Hier ist der Disponierende dafür verantwortlich, dass die Arbeitszeitkontosalden der von ihm disponierten Mitarbeiter stets in derselben Größenordnung liegen, und berücksichtigt dies beim Einsatz der Dispo- bzw. der SA-Schichten.

Die Gelbphasen reichen bis $+2 \times$ bzw. $-2 \times$ Wochen-Vertragsarbeitszeit. Erreicht ein Saldo die Plus-Gelbphase, wird der betreffende Mitarbeiter nachrangig zu Dispo- bzw. SA-Schichten herangezogen und werden seine Freizeitwünsche vorrangig berücksichtigt. Erreicht ein Saldo die Minus-Gelbphase, wird der betreffende Mitarbeiter vorrangig zu Dispo- bzw. SA-Schichten herangezogen und wird ihm Freizeit nur noch aus dringenden persönlichen Gründen gewährt.

Die Rotphasen schließlich reichen bis zu den Saldengrenzen $+3 \times$ bzw. $-3 \times$ Wochen-Vertragsarbeitszeit. Erreicht ein Saldo die Plus-Rotphase, kann der Disponierende dem betreffenden Mitarbeiter mit mindestens 24 h Vorlauf Freizeit anordnen. Erreicht ein Saldo die Minus-Rotphase, kann er dem betreffenden Mitarbeiter mit mindestens 24 h Vorlauf zusätzliche Arbeitszeit anordnen, wobei dieser im Einzelfall entgegenstehende dringende persönliche Belange zu berücksichtigen sind. Beide Regeln dienen dazu, schnellstmöglich wieder Abstand zur jeweiligen nicht überschreitbaren Saldengrenze zu gewinnen.

In disponierten flexiblen Arbeitszeitsystemen sorgen Arbeitszeitkonten idealerweise dafür, dass

- Zusatz-Arbeitszeit und -Freizeit fortlaufend – und damit belastungsreduzierend – gleichmäßig auf die Mitarbeiter verteilt werden;
- quantitative und qualitative Personalengpässe angegangen werden. Bewegt sich in einem Bereich der durchschnittliche Saldo der Arbeitszeitkonten also stetig von der Nulllinie weg, liegt hier der Verdacht nahe, dass zu wenig bzw. zu viel Arbeitszeit-Kapazität zur Verfügung steht. Gibt es dagegen einzelne Salden-Ausreißer nach oben oder unten, können Qualifikationsengpässe bzw. individuell mangelnde Qualifikation vorliegen, die ebenfalls unverzüglich angegangen werden müssen – wozu klare Kontengrenzen wie im letzten Beispiel sehr beitragen.

4.3   Urlaubsstundenkonto

Erholungsurlaub ist gemäß § 3 Abs. 1 Bundesurlaubsgesetz (BUrlG) in ganzen Tagen zu gewähren. Darüber hinaus ist es ständige Rechtsprechung des Bundes- arbeitsgerichts, dass bei einem tarifvertraglichen Urlaubsanspruch von z. B. 30 Tagen grundsätzlich von einer diesem zugrunde liegenden 5-Tage-Woche auszugehen ist. Wird die Vertragsarbeitszeit nun auf mehr oder weniger als 5 Tage pro Woche verteilt – etwa in Schichtplänen oder bei Teilzeitarbeit –, vermehrt oder vermindert sich der Urlaubsanspruch so, dass im Ergebnis in unserem Beispiel wieder die bei 5-Tage-Woche gewährleisteten 6 Wochen Erholungsurlaub herauskommen.

Beispiel 1 (ähnlich Abschn. 3.1) In einem 4-Wochen-Schichtzyklus wird die Vertragsarbeitszeit auf 21 Schichten verteilt, sodass an durchschnittlich 5,25 Tagen pro Woche zu arbeiten ist. Damit auch diese Mitarbeiter in den Genuss von 6 Wochen Erholungsurlaub pro Jahr kommen, beträgt ihr Urlaubsanspruch [30 : 5 × 5,25 =] 31,5 Tage pro Jahr.

Beispiel 2 Ein Teilzeitbeschäftigter mit 20-h/w-Vertrag arbeitet wöchentlich wechselnd 3 und 2 Tage mit einer Tages-Vertragsarbeitszeit von 8 h, im Durchschnitt also 2,5 Tage pro Woche. Sein Jahresurlaubsanspruch beträgt dementsprechend [30 : 5 × 2,5 =] 15 Tage pro Jahr.

Solche Umrechnungen sind solange (relativ) einfach, wie die Vertragsarbeitszeit an allen Tagen gleich lang ist. Ist dies – wie in den Kapiteln 2 und 3 in einigen der Beispiele – nicht der Fall, ist es am einfachsten, für die betreffenden Mitarbeiter ein sogenanntes Urlaubsstundenkonto zu führen, dem kalenderjahresbezogen der in Stunden umgerechnete Urlaubsanspruch gutgeschrieben wird und dem dann die einzelnen Urlaubstage – weil der Urlaub natürlich weiterhin in ganzen Tagen und nicht etwa (auch) stundenweise gewährt wird – mit der hierauf jeweils entfallenden Vertragsarbeitszeit belastet werden.

Beispiel 3 (Wiederholung aus Abschn. 3.1) Im hier vorgestellten Schichtplan für 5 Schichtteams sind innerhalb des 5-Wochen-Zyklus' jeweils 7 Früh-, Spät- und Nachtschichten sowie Vertretungsschichten („Disposchichten") an weiteren 7 entsprechend gekennzeichneten Tagen zu leisten. Dabei entfallen bei Vollzeitbeschäftigten auf die erstgenannten 21 Schichten jeweils 8 h 15 min und auf die potenziellen Vertretungstage jeweils 3 h 49 min Vertragsarbeitszeit, wodurch – bis auf einen kleinen Rundungsfehler – die vertraglichen 40 h/w Arbeitszeit genau erreicht werden. Bei einem angenommenen Jahresurlaubsanspruch von 30 Tagen wird das Jahresurlaubsstundenkonto mit [30 Tage pro Jahr × 40 h/w : 5 Tage pro Woche =] 240 h dotiert und werden diesem die einzelnen Urlaubstage mit 8 h 15 min bzw. 3 h 49 min belastet.

Ohne Urlaubsstundenkonto droht in solchen Fällen eine Ungleichbehandlung der Mitarbeiter hinsichtlich ihrer urlaubsbedingten Freistellungsdauer, der ohne dieses Konto nur mit einer Quotierung der Urlaubstage entgegengewirkt werden könnte. In unserem Beispiel-Fall eben wäre zunächst die Urlaubsdauer unter Berücksichtigung der durchschnittlichen 5,6-Tage-Woche in diesem Schichtplan auf [30 : 5 × 5,6 =] 33,6 Tage anzuheben, von denen dann 75 % (also genau 25,2) „lange" und 25 % (also genau 8,4) „kurze" Urlaubstage sein müssten. Dies ist jedoch nicht nur unpraktikabel, sondern reduziert auch die gerade im Schichtbetrieb besonders wichtigen Gestaltungsmöglichkeiten der Mitarbeiter, sodass das Urlaubsstundenkonto auch aus ihrer Sicht die deutlich bessere Alternative ist.

Das Urlaubsstundenkonto ermöglicht zudem eine sehr elegante Lösung für die Berechnung des Urlaubsanspruchs bei unterjährigem Wechsel der Dauer der Vertragsarbeitszeit, die ich mit dem folgenden abschließenden Beispiel illustrieren möchte.

Beispiel Ein Mitarbeiter reduziert seine Vertragsarbeitszeit zum 01.07. von [5 × 8 h =] 40 h/w auf [4 × 7,5 h =] 30 h/w. Im ersten Halbjahr hat er von seinen 30 Tagen Jahresurlaub 10 Tage genommen. Ermittelt werden muss nun der verbleibende Urlaubsanspruch im zweiten Halbjahr.

Im betreffenden Kalenderjahr wird das Jahresurlaubsstundenkonto mit [30 Tage × 0,5 × 8 h + 24 Tage × 0,5 × 7,5 h =] 210 h dotiert. Hiervon hat der Mitarbeiter im ersten Halbjahr bereits 10 Tage à 8 h, also 80 h, entnommen; verbleiben 130 h bzw. bei im zweiten Halbjahr 7,5 h Tages-Vertragsarbeitszeit [130 h : 7,5 h =] 17,33 Urlaubstage.

Reststunden auf dem Urlaubsstundenkonto, die nicht für einen Urlaubstag reichen, werden einfach auf das Folgejahr übertragen oder – falls dies nicht gewünscht ist – ganz pragmatisch mittels Arbeitszeitkonto-Entnahme bzw. bei Flexibler Standardarbeitszeit und Vertrauensarbeitszeit mittels entsprechender Vor- und/oder Nacharbeit auf die jeweilige Tages-Vertragsarbeitszeit aufgefüllt.

4.4 Wertguthaben

Seit Ende der 1990er Jahren ermöglicht der deutsche Gesetzgeber Arbeitnehmern bei entsprechender Vereinbarung mit ihrem Arbeitgeber den Aufbau eines sogenannten Wertguthabens zur Finanzierung von Freistellungen (insbesondere auch von Sabbaticals) sowie eines effektiv vorgezogenen Eintritts in den Ruhestand.

Dieser Aufbau kann sowohl durch Einbringung von Arbeitszeit und übergesetzlichem Urlaub als auch von Entgeltbestandteilen aller Art erfolgen; in einigen Branchen stecken tarifvertragliche Regelungen den diesbezüglichen Rahmen ab. Die rechtlichen Rahmenbedingungen sind allerdings sehr komplex und wurden bereits mehrfach verändert, was dazu beigetragen hat, dass dieses Instrument nicht sehr verbreitet ist. Insbesondere (und dies ist nur ein kleiner Auszug)

- müssen Wertguthaben, die nicht bereits bis Ende 2008 eingeführt worden sind, in Geld geführt werden. Eingebrachte Arbeitszeit wird also grundsätzlich in einen Geldbetrag umgewandelt, sodass es wesentlich von dessen Verzinsung abhängt, ob der Mitarbeiter hierfür später dieselbe, eine längere oder eine kürzere Freistellungsdauer erhält. Aus diesem Grund haben die in den vergangenen Jahren deutlich gesunkenen Kapitalmarktrenditen die Attraktivität dieses Instruments für die Mitarbeiter deutlich vermindert;
- werden dem Wertguthaben bei Einbringungen auch die darauf fälligen Arbeitgeberbeiträge zu den Sozialversicherungen zugeführt (und zwar ohne Berücksichtigung von Beitragsbemessungsgrenzen), die dann aber später auch aus dem Wertguthaben bestritten werden müssen. Damit tragen die Mitarbeiter hier das Risiko steigender Sozialversicherungsbeiträge allein;
- muss der Arbeitgeber für den Fall, dass Wertguthaben nicht für Freistellungen verwendet werden, besondere Aufzeichnungen führen, was mit einem gewissen Administrationsaufwand verbunden ist;
- müssen Wertguthaben grundsätzlich gegen Insolvenz geschützt werden, wobei Rückstellungen u. ä. allein nicht ausreichen.

Darüber hinaus sind aber auch die auf Wertguthaben gerichteten Interessen von Arbeitgebern und Mitarbeitern teils sehr unterschiedlich, was diesbezügliche Vereinbarungen ebenfalls erschwert:

- Während viele Mitarbeiter gern Guthaben aus Arbeitszeitkonten und auch Resturlaubstage einbringen wollen (weil sie sich Entgelt-Einbringungen nicht leisten können oder wollen), befürchten viele Arbeitgeber in eigenverantwortlich gesteuerten Arbeitszeitsystemen die Verstärkung des hier bei Arbeitszeitkonto-Führung ohnehin bestehenden Anreizes zu unnötigem Arbeitszeit-Mehrverbrauch, während sie in disponierten Arbeitszeitsystemen auflaufende Arbeitszeit-Guthaben oft gern für betriebliche Zwecke (z. B. Pufferbildung) verwenden wollen. Erschwerend kommt dann oft noch Widerstand vonseiten von Betriebsrat und Gewerkschaft hinzu, die Bedenken hinsichtlich der Aushebelung der tarifvertraglichen Regelarbeitszeit haben und eine Überbelastung der Mitarbeiter befürchten.

- Bei der Inanspruchnahme von Wertguthaben gilt grundsätzlich das Ausfallprinzip „wie gearbeitet worden wäre", sodass die Mitarbeiter das Risiko tragen, während der Freistellungs-Zeit zu erkranken; und die Arbeitgeber sind in der Regel aus Kostengründen nicht bereit, hier zu anderen Lösungen zu kommen.
- Vielfach müssen gemäß betrieblicher Regelung Wertguthaben vor dem Ausscheiden aus dem Betrieb durch Freizeit ausgeglichen werden – z. B. innerhalb der Kündigungsfrist, während derer der Arbeitgeber den Mitarbeiter aber eventuell auch sonst freigestellt hätte (dann aber von ihm bezahlt). Dies liegt zwar im betrieblichen Interesse, ist aber für Mitarbeiter ein wichtiger Gesichtspunkt, solche Vereinbarungen nicht einzugehen.

Und schließlich gibt es für Freistellungen deutlich einfachere Lösungen (weshalb auch viele Wertguthaben nur für den vorgezogenen Ruhestand eingesetzt werden dürfen, wo sie allerdings in einem äußerst komplexen und sich dynamisch ändernden Regelungsumfeld insbesondere mit Altersteilzeit, flexibler Altersgrenze, „Flexi-Rente", betrieblicher Altersversorgung, etc. konkurrieren). Diese können ohne Wertguthaben aus den folgenden Elementen zusammengestellt werden:

- Ansparen übergesetzlicher (d. h. über 4 Wochen, also bei 5-Tage-Woche 20 Tagen pro Kalenderjahr, hinausgehender) Urlaubsansprüche, ggf. kombiniert mit einer Arbeitszeitkonto-Entnahme; hierfür reichen betriebliche Rückstellungen aus;
- befristet vereinbarte Block-Teilzeitarbeit nach dem Muster „9 Monate Arbeit – 3 Monate frei – durchgehend 75 % Entgelt";
- befristet vereinbarte Teilzeitarbeit – z. B. für 3 Monate à 50 % –, während derer der via Jahresurlaubsstundenkonto (siehe Abschn. 4.3) ermittelte Urlaubsanspruch im Wesentlichen genommen wird. Wegen der in dieser Phase pro Urlaubstag z. B. nur einzusetzendem 4 Urlaubsstunden können hier deutlich längere Urlaubsdauern erreicht werden als während der Vollzeittätigkeit;
- unbezahlter Urlaub von – zur Vermeidung sozialversicherungsrechtlicher Nachteile – jeweils maximal 1 Monat Dauer.

Insgesamt kann und sollte daher unter den derzeitigen Bedingungen aus meiner Sicht auf Wertguthaben-Vereinbarungen verzichtet werden.

Worauf es bei der betrieblichen Arbeitszeitgestaltung in Zukunft besonders ankommen wird

5

Derzeit läuft die vierte Welle der Arbeitszeitflexibilisierung: Nach der mitarbeiterorientierten Gleitzeit der 1970er Jahre, den kundenorientierten Servicezeiten und „atmenden" Schichtsystemen der 1980er Jahre und der sich hieran anschließenden kostenorientierten Welle (mit Vertrauensarbeitszeit und bedarfsgerecht optimierten disponierten Arbeitszeitsystemen) geht es nun seit einigen Jahren verstärkt darum, die Belange der Mitarbeiter (noch) stärker zu berücksichtigen. Wesentliche Ursachen hierfür sind die demografische Entwicklung und ein gewisser Wertewandel auf Arbeitnehmerseite, die das Angebot attraktiver Arbeits(zeit)-Bedingungen für viele Betriebe zu einer Überlebensfrage werden lassen.

Und genau um solche Angebote wird es in den kommenden Jahren gehen:

- lebensphasenorientierte Vertragsarbeitszeiten, über deren Dauer die Mitarbeiter grundsätzlich selbst entscheiden („Wahlarbeitszeit"). Dies zeigt, wie wichtig Teilzeitarbeit künftig in den betrieblichen Arbeitszeitsystemen sein wird. Je flexibler diese ausgelegt sind, desto einfacher ist die Integration von Teilzeitarbeit;
- erweiterte Gestaltungsmöglichkeiten für die Mitarbeiter hinsichtlich der Arbeitszeit-Verteilung. In den eigenverantwortlich gesteuerten Arbeitszeitsystemen wird es dabei vor allem um vom Mitarbeiter wählbare Durchmischungen von Arbeitszeit und Privatzeit bis hin zum mobilen Arbeiten gehen, die vertrauensbasierte Formen der Zeiterfassung erfordern und damit der weiteren Ausbreitung der Vertrauensarbeitszeit den Weg bereiten. Hauptthema in den disponierten Arbeitszeitsystemen ist demgegenüber, wie Mitarbeiterwünsche und -restriktionen (noch) besser in die Planungsprozesse integriert werden können. Angesichts der Komplexität dieser Aufgabe wird es hier dabei vermehrt zum Einsatz professioneller Personaleinsatzplanungssoftware kommen;

© Springer Fachmedien Wiesbaden GmbH, ein Teil von Springer Nature 2021   49
A. Hoff, *Gestaltung betrieblicher Arbeitszeitsysteme*, essentials,
https://doi.org/10.1007/978-3-658-33751-3_5

- einfache Freistellungs-Optionen für die Mitarbeiter (siehe Abschn. 4.4);
- auf den einzelnen Mitarbeiter zugeschnittene Optionen zum (gleitenden) Übergang in den Ruhestand – auch über die derzeitigen Altersgrenzen hinaus.

Was Sie aus diesem *essential* mitnehmen können

- Was mit flexiblen betrieblichen Arbeitszeitsystemen erreicht werden kann.
- Welche Arbeitszeitsysteme sich dann anbieten, wenn die Mitarbeiter ihre Arbeitszeiten grundsätzlich selbst steuern.
- Wie bedarfsgerechte disponierte Arbeitszeitsysteme gestaltet werden sollten.
- Welche Formen der Zeiterfassung es gibt und was bei der Steuerung von Arbeitszeitkonten zu beachten ist.
- Worauf es bei der betrieblichen Arbeitszeitgestaltung in Zukunft besonders ankommen wird.

© Springer Fachmedien Wiesbaden GmbH, ein Teil von Springer Nature 2021   51
A. Hoff, *Gestaltung betrieblicher Arbeitszeitsysteme*, essentials,
https://doi.org/10.1007/978-3-658-33751-3

Zum Weiterlesen

Andresen M (2009) Das (Un-)Glück der Arbeitszeitfreiheit. Gabler, Wiesbaden

Hoff A (2002) Vertrauensarbeitszeit – einfach flexibel arbeiten. Gabler, Wiesbaden

Hoff A (2020) Quick Guide Schichtarbeit. Wie Sie flexible Schichtsysteme entwickeln. Springer Gabler, Wiesbaden

Necati L (2005) Arbeitszeitkonten bei flexibler Arbeitszeit. Kovač, Hamburg

Paridon H et al (2012) Schichtarbeit. Rechtslage, gesundheitliche Risiken und Präventionsmöglichkeiten. Deutsche Gesetzliche Unfallversicherung (DGUV), Berlin

Rolfs C, Witschen S, Veit A, Hoff A (2017) Recht und Praxis der Arbeitszeitkonten (3. Aufl.). Beck, München

Schlottfeldt C, Herrmann L (2014) Arbeitszeitgestaltung in Krankenhäusern und Pflegeeinrichtungen (2. Aufl.). Schmidt, Berlin

Vogelsang H (2014) Vergütungsschutz bei flexibler variabler Arbeitszeit. Nomos, Baden-Baden

© Springer Fachmedien Wiesbaden GmbH, ein Teil von Springer Nature 2021   53
A. Hoff, *Gestaltung betrieblicher Arbeitszeitsysteme*, essentials,
https://doi.org/10.1007/978-3-658-33751-3

Printed in the United States
by Baker & Taylor Publisher Services